Über die Autorin

Aufgewachsen im hessischen 1200-Seelen-Dorf Stammheim, lernte Ingrid Lang das Handwerk der Bäckerin und Konditorin im Familienbetrieb.

Bald zog es sie nach Berlin, die Heimatstadt ihres Vaters, wo sie nach beruflichen Umwegen zu ihren Wurzeln zurückkehrte und 2001 mit einer Freundin das Schokoladengeschäft *Das süße Leben* eröffnete.

Nach reiflicher Überlegung hat sich Ingrid Lang dazu entschlossen, die geheimen Familienrezepte aufzuschreiben und zu veröffentlichen.

INGRID LANG

KEINE ANGST VOR HEFETEIG

KÄSEKUCHEN, SCHWARZWÄLDER KIRSCH UND ANDERE KLASSIKER

Rezepte und Geschichten von Ingrid Lang
Fotografien von Clara Löffler

tredition

Autorin: Ingrid Lang
Lektorat: Hanna Lang
Gestalterisches Konzept: Isabella Lang
Satz: OJALA WERKE

ISBN: 978-3-347-56728-3

Druck und Distribution im Auftrag der Autorin:

tredition GmbH, Halenreie 40-44,
22359 Hamburg, Deutschland

Für meine tollen Töchter
und für meine Schwester

Auf Oasen ist angewiesen, wer sich im kargen Preußen auf die Suche nach kulinarischer Qualität macht. In Berlin zählt zu ihnen ein Eckladen in der Nähe des Rathauses Schöneberg. Dort, in „Das süße Leben", lernte ich vor mehr als einem Dutzend Jahren Ingrid Lang kennen, die Gründerin und erste Fachverkäuferin in Personalunion. Sie überraschte mich mit einem Angebot, das die meisten Konfiseriehandlungen in den Schatten stellte. Zudem blieb es frei von jenem Nippes und Kitsch, der sich die Leichtgläubigkeit des Gaumens und die Verführbarkeit der Augen zu nutze macht, ohne ernsthaft Substanz zu bieten.

Beeindruckend war, dass hier eine Frau, die in einem hessischen Familienbetrieb Konditorin gelernt hatte, Empfehlungen aussprach, in denen immer auch eine gute Portion Handwerksethos mitschwang. Kaum, dass bei mir ein Thema anstand, das mit Zucker zu tun hatte, war ich schon in der Salzburger Straße. Später wurde Frau Lang zum ständigen Mitglied meiner Jury (den sogenannten Kritikatoren), die in regelmäßigen Abständen Lebensmittel verkostet, profane genauso wie hoch verfeinerte. Vernehmen kann man seither ihre Stimme (ich behaupte sogar, man kann sie auch dann noch heraushören, wenn sie nicht explizit erwähnt wird) in meinen Testberichten. Sie erscheinen im Berliner Tagesspiegel sowie in der Frankfurter.

Als Ladeninhaberin vermochte Ingrid Lang die Evolution der Süßwaren wachsamer zu verfolgen als das aus der Perspektive der Backstube oder eines Pâtisserie-Ateliers möglich gewesen wäre. Von den Früchten dieser Erfahrungen und Einsichten können Leser auf den kommenden Seiten kosten. Überhaupt besteht der Wert dieses Buchs darin, dass leise Verschiebungen registriert werden, ohne dass die Autorin von einem klassischen Kanon abrückt, der von weit herkommt.

So manches hier kann man im Moment kaum besser machen. Erst kommende Generationen werden es können – und dankbar sein für diesen kompromisslosen Wegweiser. Anschaulich und mit viel Sinn für Praxis führt „Keine Angst vor Hefeteig" vor, dass gerade die zum Konservativen hinneigenden Feinbackkünste stets neu gesehen, neu interpretiert und von jeder Generation wieder neu verstanden werden müssen, um die alten bleiben zu dürfen.

Thomas Platt

Autor der „FAZ", des „Tagesspiegels", Kolumnist des Gourmet-Magazins „Effilee", Restaurantkritiker von rbb Kultur

INHALT

BISQUIT

TORTEN

WINTERLICH

PRALINEN

In diesem Buch finden Sie keine Rezepte für Muffins, Cookies, Cakes oder Veganes. Ich brauche zum Backen Eier von glücklichen Hühnern, sahnige Butter und bestes Mehl. Es geht um saftigen Hefekuchen, lockeren Bisquit oder feinen Mürbteig. Diese Teige bilden die Basis für klassische Kuchen, die immer gelingen, immer schmecken und auf deren Genuss unweigerlich die Frage folgt: „Kann ich bitte das Rezept haben?“

Mein Großvater, Bäckermeister Karl Thumm, war ein Forscher und Entwickler in Sachen Konditorei. Seine Rezepte, Existenzgrundlage für den Bäckereibetrieb, blieben natürlich geheim. Hohe Ansprüche an Qualität und Frische der Zutaten zu stellen, war sein oberster Grundsatz. Außerdem sollte man natürlich wissen, wie es geht. Deshalb ist der Handwerksberuf Bäcker:in auch ein Ausbildungsberuf.

Diese Rezepte sind es wert, aufgeschrieben und weitergegeben zu werden. Eine Prise Bäckereigeschichte trägt vielleicht auch zum Verstehen und Gelingen bei. Über die Jahre wurden mir viele Fragen zum Thema Backen gestellt, die Antworten finden sich in diesem Buch.

Meine Rezepte sind Profi-Rezepte. Das heißt, sie funktionieren immer und bringen jedes Mal das gleiche gute Ergebnis hervor. Sie sind nicht kompliziert und die Zutaten sind überall zu haben.

Zu jedem Rezept liefere ich neben der Angabe aller Zutaten auch die notwendigen Informationen zum Herstellungsprozess, da meine Töchter sich immer darüber beschwert haben, dass in meiner ganz persönlichen Rezeptsammlung nur karge Zutatenlisten und kryptische Abkürzungen zu finden sind. Es sollte daher kein Problem sein, nach meiner Beschreibung hervorragende Backergebnisse zu erzielen. Mit ein bisschen Übung schütteln Sie bald alles aus dem Ärmel und können die Umwelt mit köstlichen Kuchen und Torten beglücken.

Und wenn Sie nicht aufhören können, von dem Kuchenteig zu naschen, dann haben Sie alles richtig gemacht!

Berlin, im November 2021
Ingrid Lang

1982
3. Stollen

Bevor es ans Backen geht, hier noch einige Informationen zu den Grundlagen. Wer gerne backt oder sich dafür interessiert, hat sicher alle notwendigen **Utensilien** in der Küche: Schüsseln und Rührlöffel, Backpapier, Schneebesen, Kuchenformen und Bleche, sehr wahrscheinlich auch ein elektrisches Rührgerät oder eine Küchenmaschine. Um einen perfekten Bisquit-Tortenboden zu backen, empfehle ich darüber hinaus die Anschaffung eines Tortenrings ohne Boden und zwei bis drei runder Tortenunterlagen aus Metall. Zur professionellen Verarbeitung von Kuvertüre ist ein Schokoladenthermometer hilfreich. Wichtig sind auch eine präzise Küchenwaage und ein guter Backofen.

Entscheidende Voraussetzung für das Gelingen eines Backwerkes ist, dass man sich akribisch an das **Rezept** hält. Es garantiert nicht nur den guten Geschmack, sondern auch Konsistenz und Stabilität des Kuchens, denn es funktioniert wie eine Art Bauplan. Diese Disziplin aufzubringen, scheint manchen schwer zu fallen oder sie gar zur „Verbesserung" herauszufordern. Davon rate ich ab. Beim Kochen kann schon mal etwas zugegeben oder weggelassen werden, denn alles bleibt im Topf. Beim Backen jedoch muss der Kuchen aus der Form und dann stehen oder sitzen bleiben und vor allem soll er nicht zusammenfallen. Deshalb unbedingt die Zutaten genau abwiegen und den Angaben zur Verarbeitung folgen.

Mit der Backzeit ist das so eine Sache, denn jeder **Backofen** führt ein Eigenleben. Mal kommt die Hitze mehr von unten, mal von oben. Gasbacköfen verteilen die Hitze nicht ideal, auch Umluft ist mit Vorsicht zu genießen und ungeeignet für empfindlichen Massen. Hier hilft Routine. Das gleiche Rezept dreimal gebacken, zeigt die Eigenheiten des Ofens und gibt Aufschluss darüber, wie er eingestellt werden muss. Darüber hinaus gibt es noch ein paar Anhaltspunkte zum Backprozess: Wird der Kuchen zu früh oben zu braun, ist die Temperatur zu hoch. Bräunt er hinten mehr als vorne, muss das Blech nach der Hälfte der Backzeit umgedreht werden. Kommt der Kuchen trotz aller Bemühungen nicht unbeschadet aus der Form, war sie nicht genug ausgefettet oder er sollte zu früh begutachtet werden. Der Kuchen sollte im Ofen auch nicht ohne Aufsicht bleiben. Am besten piept der unerlässliche Timer schon zehn Minuten vor Ablauf der angegebenen Backzeit. Ist der Kuchen dann auf der Oberfläche schon zu dunkel, aber insgesamt noch zu weich, kann aufgelegte Alufolie die direkte Hitzestrahlung abmildern. Eine gute Diagnosemethode, um festzustellen, wie lange er noch braucht, ist: Einfach eine lange Nadel oder einen Metallspieß in den Kuchen piken. Klebt daran roher Teig, ist der Kuchen noch nicht fertig.

Die Backzeit hängt im Übrigen auch davon ab, aus welchem Material die **Backform** besteht, schweres Gusseisen und modernes Silikon unterscheiden sich. Dünneres Material verkürzt die Backzeit. Eine Backform, die mit Butter ausgekleidet wurde, intensiviert den Geschmack der dann besonders knusprigen Kuchenkruste. Rührkuchen immer erst eine Zeit abkühlen lassen, bevor die Backform umdreht wird, um den Kuchen herauszustürzen. Vorher prüfen, ob der Kuchen sich minimal vom Rand gelöst hat, da er sich beim Abkühlen etwas zusammenzieht. Ist das der Fall, ist der Kuchen stabil genug, um auf dem Kuchenteller in Form zu bleiben.

Alle **Zutaten** sollten Zimmertemperatur haben (außer es ist im Rezept etwas anderes angegeben) und das Mehl sollte immer gesiebt werden. Es wird dadurch gelockert, verteilt sich besser und eventuell vorhandene Krümel werden entfernt. Bei den Zutaten ist es sehr wichtig, auf Qualität zu achten. Besorgen Sie die beste Qualität, die Sie kriegen können, denn: Nur aus guten Zutaten können Sie etwas Gutes backen.

Im Jahr 1900 wurde mein Großvater Karl Wilhelm Thumm geboren. Er war der älteste Sohn eines Tagelöhners. Da die Familie kaum Geld hatte, konnten die Eltern ihrem Sohn Karl den Wunsch, Lehrer zu werden, nicht erfüllen. Die einzige Lehrstelle, die er bekommen konnte, war die eines Bäckers. Da beschloss mein Großvater, daraus das Beste zu machen und auch sein Bestes zu geben.

Die Gesellen- und Meisterprüfung legte er erfolgreich ab, überlebte den ersten Weltkrieg und heiratete seine liebe Frau Elisabeth. Er erwarb ein kleines altes Fachwerkhaus im Ortskern von Stammheim. Das ist ein idyllisch gelegenes Örtchen in der malerischen Wetterau in Hessen. 1928 gründete er dort die *Brot- und Feinbäckerei Karl Thumm.*

Nebenbei lernte er die damals zukunftsträchtige künstliche Weltsprache Esperanto und korrespondierte mit aller Welt. Mittels Fachbüchern bildete er sich autodidaktisch weiter und ließ sich von den Schaufenstern der großen Konditoreien des unweit gelegenen Frankfurt am Main inspirieren. Bald hatte er einen florierenden Betrieb, einen Lieferwagen, einen Fahrer und mehrere Gesellen, die im Schichtbetrieb backten. Und er lieferte seine Brote bis in die Mainmetropole.

Mein Großvater Karl Thumm
Stammheim, um 1928

SACHERTORTE KARL THUMM

Sachertorte ist nicht irgendein Kuchen. Sachertorte ist Sachertorte. Eine schwere, schwarze, schokoladige Angelegenheit: saftig, voller Würze und Gewürze. Im besten Fall wird das Stück auf dem Teller gekrönt von einem Berg lockerer, leichter, frischer, kühler Schlagsahne. Genau dieser Gegensatz bringt den vollen Genuss.

Einmal habe ich mir meinen Konditorinnentraum erfüllt und war im Hotel Sacher in Wien. Außer mir saßen dort viele japanische Tourist:innen vor ihren Kuchentellern. Von dem ersehnten Stück echter Sachertorte war ich jedoch etwas enttäuscht: zu hell, zu süß. Da lobe ich mir doch die Sachertorte meines Großvaters Karl Thumm, die man folgendermaßen macht:

Ofen bei Ober-/Unterhitze auf 190 °C vorheizen

Form: Backring ø 26 cm, unten mit Backpapier eingeschlagen oder Springform mit passend ausgelegtem Boden

optional: Schokoladenthermometer

Backzeit etwa 60 Minuten

225 g zimmerwarme Butter
225 g Zucker
125 g Zucker
½ gestr. TL Zimt
¼ gestr. TL gemahlene Nelken
¼ gestr. TL frisch geriebene Muskatnuss
¼ gestr. TL Stollengewürz
110 g Weizenmehl Type 405
70 g Speisestärke
8 g Backpulver
80 g Kakao
55 g Keksbrösel (Butterkekse fein zerkrümeln)
8 Eier (L oder mindestens M)
300 g dunkle Kuvertüre für den Überzug
400 g Orangenmarmelade

Zunächst die Eier in Eigelb und Eiweiß trennen. Die Butter und 225 g Zucker mit der Hand verkneten oder vorsichtig und kurz elektrisch rühren. Die Gewürze dazugeben. Dann Mehl, Speisestärke, Kakao und Backpulver zusammen sieben, die Keksbrösel dazugeben und alles mischen.

Die Eigelbe nach und nach langsam mit der Buttermasse verrühren. Dann die vorbereitete Mehl-Brösel-Mischung dazu geben.

Die Eiweiße zu Schnee schlagen, am besten geht das mit einem elektrischen Rührgerät. Die Schüssel muss ganz sauber und fettfrei sein. Wenn das Eiweiß beginnt fest zu werden, langsam 125 g Zucker einrieseln lassen. Dadurch gewinnt der Eischnee mehr Stabilität und wird fester. So lange schlagen, bis sich kleine Spitzen bilden, man die Schüssel auf den Kopf drehen kann und der Eischnee drin bleibt. Jetzt den Eischnee auf die Buttermasse mit der Mehl-Brösel-Mischung geben und alles vorsichtig mit einem flachen Rührlöffel unterheben. Ich bevorzuge einen breiten Holzlöffel, da er sich nicht biegt. Keinen Schneebesen benutzen, das würde den Eischnee minimieren und den braucht man zur Lockerung.

Alles langsam zu einer glatten Masse verrühren, in die vorbereitete Form geben und die Oberfläche glatt streichen. Insgesamt alles zügig verarbeiten und den Kuchen in die mittlere Schiene des vorgeheizten Backofens schieben.

Nach dem Backen abkühlen lassen. Den Rand mit einem schmalen, scharfen Messer komplett lösen bzw. den Tortenboden herausschneiden, in dem man mit dem Messer senkrecht am Rand einsticht und an der Form entlang einmal rundherum schneidet. Den Rand dann abnehmen und den Tortenboden einmal quer durchschneiden. Den unteren Teil mit Orangenmarmelade bestreichen und den oberen Teil wieder auflegen.

Im Gegensatz zur klassischen Sachertorte, die mit Aprikosenmarmelade gefüllt und bestrichen wird, verwende ich lieber Orangenmarmelade und zwar die beste, die ich finden kann. Es gibt sie mit oder ohne Schale, fruchtig und nicht bitter.

Jetzt den Rest der Marmelade in einen kleinen Topf geben und mit ca. 200 ml Wasser und zwei EL Zucker aufkochen, damit daraus eine streichfähige Glasur entsteht. Mit einem Backpinsel die Torte damit bestreichen.

Dann die Hälfte der Kuvertüre im Wasserbad auflösen. Sie sollte bei maximal 55 °C langsam zergehen. Sobald sie flüssig ist, aus dem Wasserbad nehmen und die andere Hälfte als gehackte Kuvertüre hinzufügen. Damit wird die Masse zügig auf exakt 29 °C abgekühlt. Danach auf die Verarbeitungstemperatur von 32 °C erwärmen. Dafür braucht man ein Schokoladenthermometer. Die Anschaffung lohnt, denn wenn man nicht richtig temperiert, wird die Kuvertüre grau oder nicht fest. Wenn es schneller gehen soll, kann man für den Überzug auch klassische Kuchenglasur verwenden.

Die Torte mit der Kuvertüre überziehen. Dafür wird sie auf ein Gitter gestellt und dieses auf eine saubere Unterlage mit Rand, ausgelegt mit Backpapier. Die flüssige, temperierte Kuvertüre wird nun von der Mitte aus über die Torte gegossen und mit einer Palette (wird glatt) oder einem Pinsel (gibt ein Muster) schnell verstrichen.

Nach dem Festwerden des Überzugs schneidet man mit einem schmalen, scharfen Messer, das immer wieder in sehr heißem Wasser erwärmt wird (zwischendurch abtrocknen), den Schokoladenrand unten glatt ab. Ebenso wird die Einteilung der Stücke mit dem heißen Messer in die Oberfläche „geschmolzen". Würde man das nicht tun, würde die Schokoladenoberfläche beim Schneiden unschön zerbrechen. Die übrige Kuvertüre, die auf dem Papier fest geworden ist, kann problemlos wiederverwendet werden.

Man kann die Sachertorte gut ein bis zwei Tage vor dem Verzehr zubereiten. Sie schmeckt sogar noch besser, wenn sie 24 Stunden durchgezogen ist.

Der zweite Weltkrieg kam, das Lieferauto der Bäckerei wurde beschlagnahmt, Fahrer, Gesellen und mein Großvater wurden eingezogen. Er landete in der Versorgungskompanie, musste für die Soldaten backen und kochen. Verletzt aus dem Krieg heimgekehrt, war vom Unternehmergeist nichts mehr übrig und es blieb bei der bodenständigen kleinen Dorfbäckerei.

Als ich mit fünfzehn Jahren meine Lehre in der Backstube begann, war mein Großvater siebzig und mein Ausbilder. Ich hatte die mittlere Reife in der Tasche und zu einer längeren Schulkarriere sollte es nicht kommen, denn meine Familie brauchte mich im Betrieb. Ich fand mich also eines Morgens um fünf in der Backstube wieder und blickte in eine Zukunft voller köstlicher Kuchen, Torten, süßer Perspektiven und wertvoller Erkenntnisse.

Zu den ersten Kuchen, die ich eigenverantwortlich machen durfte, zählte der feine Sandkuchen. Ein Klassiker bei den ständigen Geburtstagskaffeerunden, an denen damals nicht nur sämtliche Familienmitglieder teilnahmen, sondern zu welchen auch die entfernten Verwandten und die Nachbarschaft geladen waren.

Das Lieferauto, der Fahrer, die Gesellen und mein Großvater (3. von links)
Stammheim, um 1930

SANDKUCHEN

Diesen eigentlich sehr unspektakulären Kuchen liebe ich besonders. Er wird mit Backpulver gemacht und da es nur um zehn Gramm geht, schmeckt man das natürlich nicht. Ich wurde oft mit dem Vorurteil konfrontiert, man bekäme von Backpulver „stumpfe Zähne" oder es habe einen „metallischen Nachgeschmack". Das kommt eigentlich nur bei Überdosierung vor …

Hier verwenden Sie Backpulver als das, was es ist: Ein klassisches Lockerungsmittel, welches im Teig Kohlensäurebläschen entstehen lässt und ihn dadurch lockert.

Ofen bei Ober-/Unterhitze auf 190 °C vorheizen

Form: glatte runde Kranzform, eingestrichen mit weicher Butter

optional: Schokoladenthermometer

Backzeit etwa 60 Minuten

200 g Weizenmehl Type 405
175 g Speisestärke
10 g Backpulver
250 g zimmerwarme Butter
225 g Zucker
5 Eier (L oder mindestens M)
2 EL Rum
2 EL Zitronensaft
300 g dunkle Kuvertüre für den Überzug

Das Mehl und die Speisestärke zusammen durchsieben und davon drei gehäufte EL wegnehmen. Das gesiebte Backpulver unter diese kleine Menge geben und zur Seite stellen.

Diesen speziellen Kuchen bereitet man am besten mit elektrischer Unterstützung zu.

Butter und Zucker kurz zusammenfügen, Eier nach und nach dazu geben, Rum und Zitronensaft, Mehl und Speisestärke unterrühren und dann die ganze Masse in der Küchenmaschine oder mit dem elektrischen Rührgerät 10 Minuten auf hoher Drehzahl schlagen. Erst danach die Mehl-Speisestärke-Backpulver-Mischung unterrühren und die Masse in die Form geben. Glatt streichen und dann einmal mit dem Stiel eines Löffels eine Furche rund um die Mitte ziehen. Dann geht der Kuchen an dieser Stelle höher auf und bekommt einen guten „Fuß".

Das Rezept ergibt einen feinen goldgelben Kuchen mit ganz zarter Krume, wie feiner Sand eben. Der Rum verleiht den angenehmen Duft und Geschmack.

Am besten schmeckt der feine Kranz mit einem Überzug aus dunkler Kuvertüre. Dafür ist es wichtig, dass die Hälfte der Kuvertüre im Wasserbad (Topf in einen größeren Topf mit Wasser stellen) vorsichtig erwärmt wird. Sie sollte bei maximal 55 °C langsam zergehen. Sobald sie flüssig ist, aus dem Wasserbad nehmen und die andere Hälfte als gehackte Kuvertüre hinzufügen. Damit wird die Masse zügig auf exakt 29 °C abgekühlt. Danach auf die Verarbeitungstemperatur von 32 °C erwärmen. Dafür braucht man ein Schokoladenthermometer. Die Anschaffung lohnt, denn wenn man nicht richtig temperiert, wird die Kuvertüre grau oder nicht fest. Wenn es schneller gehen soll, kann man für den Überzug auch klassische Kuchenglasur verwenden.

Als Kind war mein bevorzugter Aufenthaltsort die Backstube. Die für mich riesigen Bäckereimaschinen fand ich sehr interessant. Besonders die ganz alte Teigmaschine, die mit gewaltigen Rührbewegungen den Brotteig knetete, faszinierte mich. Ich konnte stundenlang zusehen, dem Geräusch des gleichmäßig dröhnenden Motors und dem zunehmenden Schmatzen des Brotteigs zuhören. Mein Vater, der nicht ständig auf mich aufpassen konnte, erzählte mir vorsichthalber Horrorgeschichten von kleinen Kindern, die in die Teigmaschine gefallen und darin umgekommen waren, um mir den gehörigen Respekt davor einzuflößen. Das zeigte Wirkung.

Mein Vater ist übrigens selbst mal mit dem Knetarm in Berührung gekommen und hat sich dabei den Arm gebrochen. Heutzutage sind solche Maschinen natürlich mit allen Sicherheitsvorkehrungen versehen.

Teigmaschine
Stammheim, um 1928

MARMORKUCHEN

Die elektrischen Handrührgeräte und Küchenmaschinen sind eine tolle Erfindung und erleichtern das Backen ungemein. Allerdings sollte man sich davor hüten, sie ungebremst auf jede Masse loszulassen.

Ein Rührkuchen ist eine diffizile Angelegenheit, denn wenn man zu viel rührt, wird der Kuchen zu fest. Die Zutaten für einen Rührkuchen sollten immer zimmerwarm sein und bereitstehen, wenn man mit dem Backen anfängt.

Ofen bei Ober-/Unterhitze auf 200 °C vorheizen

Form: Gugelhupfform, eingestrichen mit weicher Butter (nicht mit Butter sparen)

Backzeit etwa 60 Minuten

500 g Weizenmehl Type 405
15 g Backpulver
300 g Zucker
250 g zimmerwarme Butter
3 Eier (L oder mindestens M)
15 g Kakao
Milch
etwas Vanilleextrakt
2 EL Zitronensaft
etwas Puderzucker

Zunächst Zucker und Butter mit der Hand verkneten oder mit dem Rührgerät langsam verrühren. Sobald sich beides verbunden hat, nach und nach die Eier zugeben. Etwas Vanilleextrakt, den Zitronensaft und einen Schuss Milch hinzufügen, damit die Masse das gesiebte Mehl aufnehmen kann, welches man zum Schluss zusammen mit dem Backpulver hineingibt. Nur solange langsam rühren, bis eine homogene Masse entstanden ist.

Von der fertigen Masse etwa ein Drittel in eine separate Schüssel geben und mit dem gesiebten Kakao verrühren. Eventuell etwas Milch hinzufügen.

Jetzt kommt der „Marmor" in den Kuchen. Von der hellen Masse die Hälfte in die Form füllen, dann die dunkle Masse gleichmäßig darauf verteilen, so dass eine Schicht entsteht. Mit dem Rest der hellen Masse die Form auffüllen. So entstehen drei Schichten, in der Mitte die dunkle Kakaoschicht. Nun mit einem Löffelstiel kreisförmig durch die Masse rühren, damit sich ein Muster ergibt, sich die Schichten aber nicht verbinden. Zum Schluss einmal an der Oberfläche eine „Furche" um die Mitte ziehen. Dann geht der Kuchen gezielt auf und sitzt später schön gerade auf dem Kuchenteller.

Den Kuchen etwa 10 bis 15 Minuten abkühlen lassen und dann aus der Form auf eine Platte stürzen. Anschließend klassischerweise mit Puderzucker bestäuben.

Mein Großvater war der Boss, mein Vater der Chef. Aus Liebe zu meiner Mutter war er als nach dem Krieg zugewanderter Berliner vom Feinmechaniker zum veritablen Bäckermeister avanciert. Meine Kollegen waren der Bäckergeselle Herbert und Lehrling Manfred. Herbert ging bei uns immer alles viel zu langsam. Er emigrierte später nach Berlin und landete als Lebensmitteltechniker in einer großen (heute nicht mehr existenten) Schokoladenfabrik. Manfred kam aus dem Nachbarkaff.

Zwischen beiden Dörfern liegt eine Anhöhe. Über diesen Berg musste Lehrling Manfred jeden Tag in aller Herrgottsfrühe oder auch mitten in der Nacht radeln, solange er noch kein Mofa hatte. Oft kam er mit hochrotem Kopf in die Backstube geschossen, weil er mal wieder nicht rechtzeitig aus dem Bett gekommen war. Allerdings verdankte er der Radelei eine hervorragende Kondition, die ihn zum Star der örtlichen Fußballmannschaft machte.

Von links nach rechts: Bäckergeselle Manfred Bender, Konditor Karl-Heinz Krämer, Bäckermeister Günter Renz (mein Vater), Bäckermeister Karl Thumm (mein Großvater)
Stammheim, 1959

GRUNDREZEPT MÜRBTEIG

Hat man erstmal realisiert, wie mühelos Mürbteig nach diesem Rezept zubereitet werden kann, hat man ein für alle Mal die richtige Grundlage für alle Arten von Käse- und Obstkuchen oder einfache Plätzchen.

Das Grundrezept für den sogenannten 1-2-3-Teig ist ganz einfach. Er heißt so, weil er „eins, zwei, drei" gemacht ist und weil man sich die Menge der wichtigsten Zutaten gut merken kann: 100 g Zucker, 200 g Butter, 300 g Mehl.

für einen Kuchen in einem Backring ø 26 cm oder Springform

---

für einen Blechkuchen die Zutaten verdoppeln

300 g Weizenmehl Type 405
200 g zimmerwarme Butter
100 g Zucker (mit Puderzucker wird die Konsistenz ganz fein, gut für Plätzchen)
1 Ei (L oder mindestens M)
5 g Backpulver
etwas Vanilleextrakt
einige Tropfen Zitronensaft

Diesen Teig mache ich nicht in der Küchenmaschine. Denn durch den hohen Fettanteil ist er empfindlich und nimmt zu langes Kneten übel. Das Mehl wird mit dem Backpulver zusammen auf die Arbeitsfläche gesiebt, und in der Mitte bildet man eine Kuhle. Dort kommen der Zucker und die zimmerwarme Butter hinein. Butter und Zucker verkneten, dann das Ei und die Gewürze dazugeben. Die Zutaten mit einem Teigschaber beim Kneten immer wieder zusammenschieben. Ein bisschen Mehl hier und da hilft gegen Kleben.

Mit einiger Übung verbinden sich die Zutaten schnell zu einem schönen, festen Teig mit glatter Oberfläche. Der Teig ist elastisch genug, um ihn gleich auszurollen bzw. in Form zu bringen. Besser geht es, wenn er sich ein bisschen entspannen kann. Dazu verpackt man ihn luftdicht und lässt ihn im Kühlschrank etwa 15 Minuten ruhen. Dann ist er zum Ausrollen etwas fester. Er darf nur nicht austrocknen.

SOMMERLICHER OBSTKUCHEN

Im Sommer ist diese Kuchenart der Dauerbrenner in meiner Küche. Man kann ihn mit allem belegen, was im Frühjahr und Sommer Saison hat: Rhabarber, Stachelbeeren, Johannisbeeren, Kirschen, Blaubeeren oder Pflaumen. Auf das Obst passen knusprige Butterstreusel und Puderzucker.

Mit diesem frischen, saftigen Obstkuchen kann man sich auch bei jedem Sommerfest, Schultrödel oder Picknick sehen lassen. Für einen Blechkuchen einfach die Zutaten für den Mürbteig und die Obstmenge verdoppeln.

Ofen bei Ober-/Unterhitze auf 200 °C vorheizen

Form: Backring ø 26 cm auf Kuchenblech mit Backpapier oder Springform

---

Backzeit etwa 20–25 Minuten

Mürbteig:
300 g Weizenmehl Type 405
200 g zimmerwarme Butter
100 g Zucker (mit Puderzucker wird die Konsistenz ganz fein, gut für Plätzchen)
1 Ei (L oder mindestens M)
5 g Backpulver
etwas Vanilleextrakt
einige Tropfen Zitronensaft
Puderzucker zum Bestreuen

Butter-Streusel:
80 g zimmerwarme Butter
80 g Zucker
160 g Weizenmehl Type 405

Sonstige Zutaten:
Obst für eine Lage, Menge nach Sorte unterschiedlich

Die Basis für diesen Kuchen bildet ein Mürbteig (Zubereitung siehe Seite 31). Den ausgerollten Teig in einen Backring auf das mit Backpapier ausgelegte Kuchenblech oder in die Springform legen. Mit einer Gabel einige kleine Löcher hineinstechen, um die Blasenbildung beim Backen zu verhindern. Das jeweilige Obst in einer Lage, aber dicht bis zum Rand verteilen.

Die Butterstreusel nach dem Grundrezept (siehe Seite 61) zubereiten und auf das Obst streuen. Dann den Kuchen in den vorgeheizten Backofen auf die mittlere Schiene schieben.

Nach dem Abkühlen den Backring abziehen und den Obstkuchen mit Puderzucker bestäuben. Das geht ganz einfach mit einem Sieb und einem Löffel.

Dann gab es noch Frau Käthe, eine echte Frankfurterin, im Krieg ausgebombt und in der Bäckerei in Stammheim einquartiert. Obwohl meine gesamte Familie und ich das ganze Leben lang per Sie mit ihr waren, wurde sie praktisch zu einem Familienmitglied. Sie half in der Bäckerei aus und war zuständig für die Produktion der Butterstreusel für die Blechkuchen. Samstags, wenn meine Schwester und ich nach Feierabend Putzdienst hatten und den Fußboden der ziemlich großen Backstube schrubbten, sorgte Frau Käthe dafür, dass der große alte Backofen wieder blitzte und blinkte. Ihren eigenen Putzeimer versteckte sie immer an einer geheimen Stelle in der Scheune, damit wir ihn nicht in die Hände bekamen und ihre persönlichen Hygienevorstellungen unterliefen.

Als Kind war sie für mich eine faszinierende Person, denn sie war Hauswirtschafterin bei Grafens gewesen. Sie benutze nie eine Tasse ohne Untertasse und ihre jährlichen Geburtstagsfeiern waren für mich gleichzeitig angsteinflößend und absolute Höhepunkte.

Bei uns zu Hause war alles praktisch, unkompliziert und begleitet von Mehlstaub. Wenn ein Teller angestoßen war, war das eben so und da alle immer viel zu tun hatten, machte man generell keine Umstände. Aber Geburtstage wurden richtig gefeiert, ich bekam immer einen Geburtstagstisch mit weißer Tischdecke, auf die meine Mutter liebevoll einen Rand aus Schokoladenplätzchen legte. Und immer Schneeglöckchen, weil ich ein Winterkind bin. Eine ausgefallene, ganz besondere Geburtstagstorte backte mein Großvater extra nur für mich, die gab es nicht zu kaufen. Bei unseren Familien-Geburtstagsfeiern war sowieso das Allerwichtigste die Tortenquote: Eine pro Gast.

Geburtstagstorte
Stammheim, um 1960

GRUNDREZEPT BISQUIT

HELL

Ein lockerer, saftiger Bisquitboden gehört zum kleinen Einmaleins der Konditorei und ist der Hauptbestandteil jeder feinen Torte. Er wirkt kompliziert, ist aber ganz einfach zu machen. Auf jeden Fall, wenn man ihn nach diesem Rezept backt. Notwendig ist dazu ein elektrisches Handrührgerät. Schneller geht es, wenn man zusätzlich eine Küchenmaschine besitzt.

Das Grundrezept bezieht sich auf einen Bisquitboden, den man zweimal waagerecht durchschneidet für eine Torte mit zwei Füllungen.

Wenn man eine Torte mit einem hellen und einem dunklen Bisquitboden machen möchte, backt man jeweils den dünneren Boden.

Ofen bei Ober-/Unterhitze auf 200 °C vorheizen

Form: Backring ø 26 cm, mit Backpapier eingeschlagen auf Backblech

---

Backzeit etwa 20–25 Minuten

Bisquitboden für eine Torte:
200 g Zucker
100 g Weizenmehl Type 405
100 g Speisestärke
7 Eier (L oder mindestens M)
Mark einer halben Vanilleschote
2 TL Zitronensaft

Variante dünnerer Boden:
140 g Zucker
70 g Weizenmehl Type 405
70 g Speisestärke
5 Eier (L oder mindestens M)
Mark einer halben Vanilleschote
1 TL Zitronensaft

Backring vorbereiten: nicht einfetten, aber mit Backpapier am Boden einschlagen oder eine Springform verwenden, da die Bisquitmasse relativ flüssig ist. Den Backring samt Papier auf ein Backblech stellen.

Die Eier trennen und zum Eigelb etwa zwei Drittel des Zuckers und etwas Vanilleextrakt oder Vanillemark zugeben.

Stehen einem ein elektrisches Handrührgerät und eine Küchenmaschine zur Verfügung, können die nächsten beiden Arbeitsschritte parallel ausgeführt werden. Arbeitet man mit nur einem Gerät, schlägt man zuerst den Eischnee.

Sobald das Eiweiß anfängt steif zu werden, das restliche Drittel Zucker einrieseln lassen. Das gibt dem Eischnee mehr Stabilität. Dann mit dem elektrischen Handrührer die Ei-Zucker-Masse cremig aufschlagen und zum Schluss zwei TL Zitronensaft einrühren.

Dann den Eischnee auf die Ei-Zucker-Masse geben und nur zwei- bis dreimal vorsichtig unterheben. Dazu auf keinen Fall einen Schneebesen verwenden, damit „zerrührt" man den Eischnee. Besser ist ein breiter Holzlöffel, da er sich im Gegensatz zu einem Teigschaber nicht biegt. Das zusammen mit der Speisestärke gesiebte Mehl vorsichtig darüber geben und alles mit Gefühl mit dem Holzlöffel unterheben. Schnell bildet sich eine glatte Masse. Es dürfen keine Mehl- oder Eiweißklümpchen mehr bleiben, man darf aber auch nicht zu viel rühren, sonst schädigt man den Eischnee, der für die Lockerheit des Bisquits sorgt.

GRUNDREZEPT BISQUIT

DUNKEL

Nach der gleichen Methode wie beim hellen Bisquit kann man auch einen dunklen herstellen. Durch den fetthaltigen Kakao wird der dunkle Bisquit nicht ganz so voluminös wie der helle, dafür aber sehr aromatisch.

Ofen bei Ober-/Unterhitze auf 200 °C vorheizen

Form: Backring ø 26 cm, mit Backpapier eingeschlagen auf Backblech

---

Backzeit etwa 20-25 Minuten

Bisquitboden für eine Torte:
200 g Zucker
60 g Weizenmehl Type 405
60 g Speisestärke
30 g Kakaopulver
7 Eier (L oder mindestens M)
Mark einer halben Vanilleschote
¼ TL Zimt

Variante dünnerer Boden:
150 g Zucker
45 g Weizenmehl Type 405
45 g Speisestärke
20 g Kakaopulver
5 Eier (L oder mindestens M)
Mark einer halben Vanilleschote
eine Prise Zimt

Die Masse in die vorbereitete Form füllen, oben glatt streichen und ab damit in den Ofen. Hier darf man keine Zeit verlieren, denn die Masse muss sich so schnell wie möglich im Ofen stabilisieren, da die Eischneebläschen sehr empfindlich sind. Nach etwa 25 Minuten ist der Bisquit schön aufgegangen und man kann kurz den Ofen aufmachen und mit dem Finger mal auf die Mitte tippen („Finger-Test"). Nur ganz leicht bitte, sonst wird es gefährlich für den Finger.

Fühlt die Oberfläche sich elastisch und fest an, ist der Bisquit fertig. Ist er nur weich, muss er noch ein bisschen im Ofen bleiben. Das muss man durch Erfahrung einfach herausfinden.

Den fertiggebackenen, noch heißen Bisquitboden bedeckt man mit einem Küchenpapier und einer dünnen Platte und dreht ihn auf den Kopf. So darf er jetzt auskühlen. Nach etwa einer Stunde kann man das Backpapier abziehen, den Bisquit umdrehen und mit einem schmalen, scharfen Messer vom Backring lösen. Dann hat man einen wunderbar glatten, formschönen Boden als Basis für eine tolle Torte.

Bisquitböden für Torten backt man am besten am Vortag, dann lassen sie sich besser schneiden und füllen.

ORANGENTORTE

Wenn im Spätherbst die ersten frischen Orangen aus dem Süden ankommen, freue ich mich schon auf diese Orangentorte. Ich verwende gerne frische Orangen, weil sie zusammen mit süßer Sahne und gerösteten Mandeln nicht nur toll aussehen, sondern auch herrlich schmecken. Gerade in der dunkleren Jahreszeit ist diese Torte ein frisch-fruchtiger Genuss und schmückt jede Kaffeetafel.

Ofen bei Ober-/Unterhitze auf 200 °C vorheizen

Form: Backring ø 26 cm, mit Backpapier eingeschlagen auf Backblech

---

Spritzbeutel mit Sterntülle

Backzeit etwa 20-25 Minuten

Bisquitboden für eine Torte:
200 g Zucker
100 g Weizenmehl Type 405
100 g Speisestärke
7 Eier (L oder mindestens M)
Mark einer halben Vanilleschote
2 TL Zitronensaft

Schlagsahne:
1 l frische hochwertige Schlagsahne
90 g Puderzucker, gesiebt
4 Tüten Sahnesteif (Menge für 1 l Sahne)
1 Vanillezucker

Sonstige Zutaten:
3 große Orangen
50 g gehobelte Mandeln

Für die abgebildete Orangentorte backt man am besten am Vortag einen hellen Bisquitboden (siehe Seite 37). Dann die Mandelblättchen rösten. Das geht ganz einfach, entweder im heißen Ofen für einige Minuten auf dem Backblech (Vorsicht, geht schnell!), zwei- bis dreimal wenden oder in einer beschichteten Pfanne auf dem Herd. Funktioniert völlig ohne Fett, da die Mandeln genug Öl enthalten. Dann auf einen Teller oder eine Platte geben und dort abkühlen lassen, sonst bräunen die Mandelblättchen auf dem heißen Blech oder in der Pfanne nach.

Für die Füllung zwei Orangen schälen und in ganz kleine Stücke schneiden. Sind die Orangenhäute zu dick, die Orange lieber filetieren und anschließend klein schneiden. Die Orangenfilets für die Garnitur im Sieb abtropfen lassen.

Den Tortenboden zweimal waagerecht durchschneiden. Damit hat man drei Bisquitlagen. Die Schlagsahne für die Füllung und Garnitur der Torte zubereiten (siehe Seite 123). Auf die untere Lage wird ein großer Klecks der geschlagenen Sahne und dazu kleine Orangenstückchen gegeben. Die Füllung mit einer Palette glatt streichen und den mittleren Bisquitboden auflegen. Auch auf diesen Boden kommen Schlagsahne und Orangenstückchen, dann wird glattgestrichen und der „Deckel" aufgelegt. Jetzt umhüllt man die ganze Torte mit einer Sahneschicht. Mit einem Beutel samt Sterntülle eine Garnitur aufspritzen und die Torte mit den gerösteten Mandelblättchen und den Orangenfilets garnieren.

Diese Torte muss bis kurz vor ihrem Auftritt in den Kühlschrank und ist am schönsten, wenn sie noch am gleichen Tag verzehrt wird.

Bei Frau Käthe, die mittlerweile mit ihren beiden Kindern Eddi und Gitta in einer sehr einfachen Zweizimmerwohnung samt Außentoilette auf einem Bauernhof wohnte, war das mit den Geburtstagen ganz anders. Ihre winzige Küche, die ich sehr liebte, war immer aufgeräumt, es gab ein nettes Plätzchen an einem kleinen Tischchen an einem Fensterchen, durch das in meiner Erinnerung immer die Sonne schien. An ihrem Geburtstag deckte Frau Käthe den großen Kaffeetisch in ihrem Wohnzimmer mit feinstem Rosenthalgeschirr aus der Glasvitrine. Da passten nicht nur die Teller und die Tassen zusammen, es gab auch die passenden Kerzenleuchter, Tortenplatten, Milchkännchen, Zuckerdöschen und silbernes Besteck. Sie backte immer einen herrlichen Nusskuchen, von dem ich als Kind behauptete, wir in der Bäckerei könnten das lange nicht so gut. Bei Frau Käthe musste man sich benehmen. Stieß man aus Versehen eins der zarten, vornehmen Gläser um, zogen über Frau Käthes Stirn dunkle Wolken auf und man ging besser in Deckung. Einmal aß ich sieben Stücke Nusskuchen, dann schritt Frau Käthe ein.

Kaffeetafel bei der schwäbischen Verwandtschaft
Baden-Württemberg, um 1959

NUSSKUCHEN

Die aromatische Haselnuss ist sehr beliebt in der Konditorei und Pâtisserie. Sie verleiht den Kuchen ihr wunderbares Nussaroma und den feinen Knack und Knusper, den wir alle so lieben. Nusskuchen gehört von jeher zu meinen Lieblingskuchen. Einen aber liebe ich ganz besonders: diesen!

Ofen bei Ober-/Unterhitze auf 175 °C vorheizen

Form: Backring ø 26 cm auf Kuchenblech oder Springform

Backzeit etwa 30 Minuten

185 g Zucker
185 g frisch gemahlene Haselnüsse
2 EL Kartoffelmehl (Kartoffelstärke)
8 g Backpulver
Saft und abgeriebene Schale einer halben Bio-Zitrone
6 Eier (L oder mindestens M)

Zuckerguss:
250 g gesiebten Puderzucker
Saft einer Zitrone
1 TL Kakao
etwas Wasser

Fünf Eier in Eiweiß und Eigelb trennen. Die Eiweiße in einer sehr sauberen, fettfreien Schüssel mit einem elektrischen Rührgerät zu Eischnee schlagen. Sobald das Eiweiß anfängt steif zu werden, ein Drittel des Zuckers einrieseln lassen. Das gibt dem Eischnee mehr Stabilität.

Gleich danach die fünf Eigelbe plus ein ganzes Ei zusammen mit den restlichen zwei Dritteln des Zuckers cremig rühren und zum Schluss Zitronensaft und Zitronenschale zugeben. Dann die gemahlenen Nüsse und das mit dem Backpulver zusammen gesiebte Kartoffelmehl. Den Eischnee dazu und alles vorsichtig unterheben.

Die Masse in die vorbereitete Form geben und auf die mittlere Schiene des vorgeheizten Ofens schieben.

Den Kuchen nach dem Backen gut auskühlen lassen und dann mit einem schmalen, scharfen Messer aus der Form lösen. Mit Zuckerguss überziehen und mit einem „Spinnennetzmuster" verzieren.

Dazu bereitet man einen einfachen Zuckerguss zu. Puderzucker mit dem Saft einer Zitrone und eventuell etwas Wasser gut verrühren. Die Konsistenz darf nicht zu fest sein. Etwas Zuckerguss wegnehmen und mit einem TL Kakao dunkel färben. Eventuell noch ein bisschen Wasser zugeben, beide Überzugmassen sollen fließfähig bleiben. Eine kleine Spritztüte mit winziger Lochöffnung (2-3mm) vorbereiten.

Den Kuchen auf ein Kuchengitter stellen und mit dem weißen Zuckerguss überziehen, d. h. den Guss von der Mitte aus darüber gießen und mit einer Palette schnell verteilen. Mit der kleinen Spritztüte und dem dunklen Zuckerguss jetzt eine Spirale aufspritzen, von innen nach außen. Dann mit einem spitzen Messer von der Mitte nach außen ziehen, damit die beiden „Farben" sich verbinden. Das Ganze muss schnell gehen, damit der Guss nicht austrocknet und der gewünschte Effekt des Ineinanderfließens zustande kommt. Auch dieser Kuchen schmeckt am nächsten Tag noch besser. Und besonders gut mit einer Portion frisch geschlagener Sahne.

Neben den Sahne- und Buttercremetorten, die unsere Backstube immer in großer Zahl verließen, gab es da noch die Spezialist:innen, die immer nur Käsekuchen wollten. Anfang der Siebzigerjahre, als ein Hauch Modernität in die Backstube einzog, äußerte sich dies darin, dass einige Kunden plötzlich „Käsesahnetorte" verlangten. Auch diese Aufträge wurden zuverlässig erledigt, indem mein Großvater sich bei den Vertretern der Mehl- und Zutatenlieferanten, von denen jede Woche mindestens einer mit großem Hallo in der Backstube aufkreuzte, die neuesten Informationen dazu liefern ließ. Der Boom hielt aber nicht allzu lange an und man kehrte reumütig zurück zum klassischen Käsekuchen.

Für mich bleibt er mein *all time favourite*.

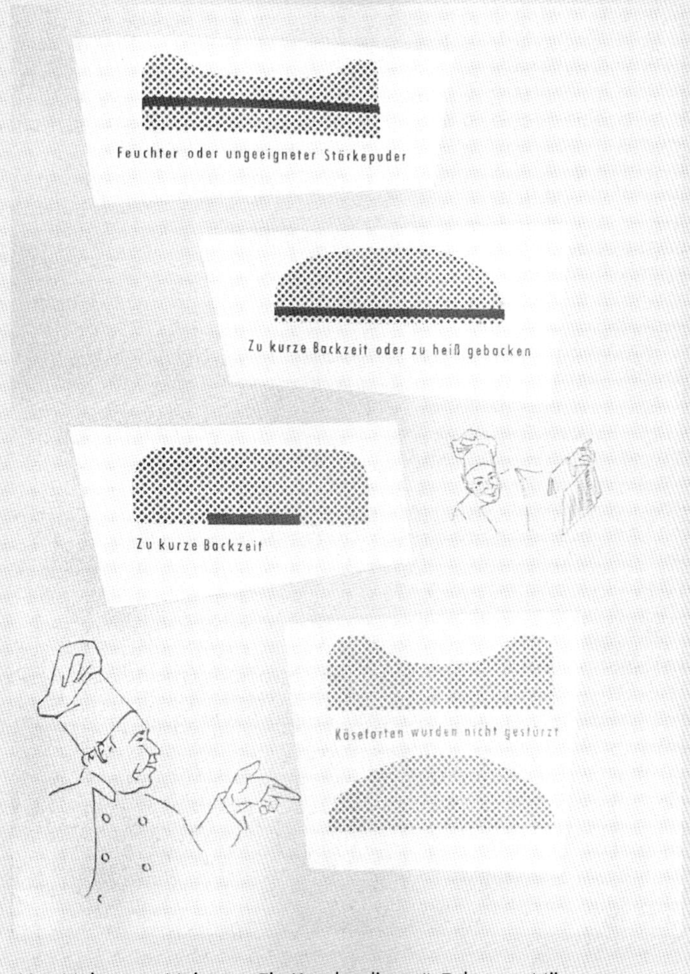

„Von Meister zu Meister – Ein Kundendienst", Folge 21, März 1955, herausgegeben vom Meistermarken-Backinstitut

KÄSEKUCHEN

Alle lieben Käsekuchen! Ich auch. Allerdings hat nicht alles, was mir als Käsekuchen vorgesetzt wird, diesen Namen auch verdient. Die Käsefüllung ist meist fest oder pampig, der Boden matschig, wie Beton oder gar nicht erst vorhanden.
Das machen wir anders:

Ofen bei Ober-/Unterhitze auf 180 °C vorheizen

Form: Backring ø 26 cm auf Backblech mit Backpapier

Backzeit etwa 55 Minuten

Mürbteig:
300 g Weizenmehl Type 405
200 g zimmerwarme Butter
100 g Zucker
1 Ei (L oder mindestens M)
5 g Backpulver
etwas Vanilleextrakt
einige Tropfen Zitronensaft

Füllung:
500 g Schichtkäse (kein Quark)
25 g Weizenmehl Type 405
30 g Speisestärke
175 g Zucker
7 Eier (L oder mindestens M)
100 ml Milch
Mark einer Vanilleschote
2 EL Zitronensaft

Nach dem Grundrezept (siehe Seite 31) einen Mürbteig zubereiten. Vom Teig etwa ein Drittel wegnehmen, in Frischhaltefolie verpacken oder in eine geschlossene Dose geben und kühl stellen. Den restlichen Teig rund ausrollen (geringfügig größer als der Backring) und auf ein Blech mit Backpapier legen. Mit einer Gabel einige kleine Löcher hineinstechen und im vorgeheizten Backofen genau acht Minuten vorbacken. Dann den Tortenring auf den noch heißen Mürbteigboden setzen und exakt ausstechen. Überflüssige Teigstückchen vom Rand entfernen und naschen. Backring wegnehmen und alles abkühlen lassen.

Aus dem vorher gekühlten Teig zwei lange Schlangen ausrollen und damit innen den Rand des Backrings, den man vorher gefettet hat, auskleiden. Den Teig auf dem Backring gut und gleichmäßig festdrücken, am oberen Rand sollte etwa ein Zentimeter frei bleiben. Dann den Backring mit dem Teigrand auf den vorgebackenen Boden setzen. Das klappt aber nur, wenn der Boden und das Backblech auch wirklich abgekühlt sind. Jetzt ist die Teigschale fertig vorbereitet zum Einfüllen der Käsemasse. Dadurch, dass der Mürbteigboden vorgebacken wird, vermeidet man, dass er durch die Feuchtigkeit der Füllung matschig oder speckig wird.

Den Schichtkäse (keinen Quark nehmen!) auf ein Drahtsieb stürzen und abtropfen lassen. Dann durch das Sieb passieren. In diese schöne, leichte Käsemasse vorsichtig mit einem Holzrührlöffel das gesiebte Weizenmehl samt Speisestärke einrühren. Nun eine Weile stehen lassen. Man kann das z. B. schon zubereiten, bevor man den Mürbteig macht. Das Mehl nimmt Feuchtigkeit aus dem Käse auf und sorgt für Stabilität der Masse.

Der Schichtkäse ist empfindlich, schlägt man ihn in der Küchenmaschine, versagt er den Dienst, weil man die Zellstrukturen zerstört. Überhaupt rührt man Käse und die ganze Masse so wenig wie möglich, damit die Käsemasse ganz gleichmäßig und feinporig wird.

Ein Drittel der Zuckermenge wegnehmen und bereitstellen. Die Eier trennen und die sieben Eiweiße in einer sehr sauberen, fettfreien Schüssel zu steifem Schnee schlagen. Dazu benutzt man am besten ein elektrisches Rührgerät oder eine Küchenmaschine. Sobald das Eiweiß anfängt fester zu werden, den bereitgestellten Zucker langsam einrieseln lassen. Und wirklich so lange schlagen, bis das Eiweiß richtig steif ist, man die Schüssel umkippen kann und nichts herausfließt.

Jetzt mit dem Holzlöffel langsam den restlichen Zucker und die Eigelbe (eins nach dem anderen) in die Quarkmasse einrühren, dann die Milch. Zuletzt Vanillemark und den Zitronensaft.

Den Eischnee hebt man vorsichtig unter die Käsemasse. So wenig wie möglich rühren und nur so lange, bis sich alles gut verbunden hat. Die Käsemasse in die Form füllen und glatt streichen.

Beim Backen wird es jetzt spannend. Den Timer auf 20 Minuten stellen. Nach dieser Zeit ist die Käsefüllung sehr schön aufgegangen und damit die Oberfläche jetzt nicht aufreißt, sticht man mit einem spitzen, sehr scharfen (wichtig) und schmalen Messer waagerecht über dem Rand des Backrings etwa 5-6 cm in den Kuchen hinein und schneidet den Rand rundherum waagerecht auf. Das Backblech muss man dafür herausziehen und mit dem Kuchen drehen, damit man mit dem Messer rundherum schneiden kann.

Danach hebt sich die ganze Sache in der restlichen Backzeit wie ein Atompilz nach oben. Jetzt ist es wirklich wichtig, die Oberfläche zu beobachten. Wird sie rasch dunkel, Alufolie auflegen.

Am Ende der Backzeit den Kuchen aus dem Ofen nehmen und stürzen. Dazu legt man zuerst ein Küchenpapier und dann ein passendes Gitter oder eine glatte Tortenunterlage auf den Kuchen. Verwendet man ein Gitter, hinterlässt es ein feines Muster auf der Oberfläche. Hitzefeste Topflappen braucht man auch, um den Käsekuchen schnell und sicher auf den Kopf drehen zu können.

Den Kuchen umgedreht etwa eine halbe Stunde abkühlen lassen. Der Mürbteig sollte sich jetzt von selbst sichtbar etwas vom Rand lösen, da der Kuchen sich ein wenig zusammenzieht. Notfalls mit dem schmalen Messer vorsichtig lösen. Dann kann man den Käsekuchen richtig herum drehen und den Ring abziehen. Wenn der Rand gut eingefettet war, sollte das kein Problem sein.

Dieses Rezept ergibt ein ideales Verhältnis von Kuchenboden, Kuchenrand und Käsefüllung. Der Boden soll „goldblond" gebacken sein, also nicht zu dunkel, die Füllung hell und locker, die Oberfläche appetitlich gebräunt.

Hier sind Kuchenboden und Rand auch kein „notwendiges Übel" zum Käsekuchen, sondern schmecken besonders köstlich als delikate Unterstützung der feinen, beim Verzehr leicht knisternden Käsefüllung.

Unsere Haushaltshilfe Giesela, eine gutmütige Bauerstochter mit Sommersprossen und feuerroten Haaren war mir und meiner Schwester ebenfalls sehr vertraut. Den ganzen Sommer über kämpften wir gegen ihren immerwährenden Sonnenbrand, denn manchmal kam sie auch mit uns ins Schwimmbad. Oder wir durften an ihren herrlichen Haaren Frisuren ausprobieren. Einmal waren wir auch mit ihr Schuhe kaufen, das Modell war dann mehr nach unserem Geschmack und weniger nach Gieselas Bedürfnissen. Aber sie machte immer alles fröhlich mit.

Meine Mutter und meine Schwester wuppten den Laden mit Unterstützung von einigen tatkräftigen Verkäuferinnen: Die immer lustige Gundi, die flinke Frau Schuster, Uschi aus der Nachbarschaft und Tante Roswitha, die einer schwäbischen Bäckerei entstammte und wertvolle Vorkenntnisse mitbrachte. Sie war zwar keine echte Tante, wurde aber so genannt, weil wir mit dem halben Dorf verwandt waren und auch noch die weitläufigste weibliche Verwandte Anspruch darauf hatte, Tante genannt zu werden. Das war wunderbar, ein Dorf voller Tanten. Im Dorf gab es aber nicht nur Tanten, sondern damals auch noch jede Menge Bauern mit großen Höfen. Die kauften bei uns Brote von zwei Kilogramm. Das war normal. Ganze Blechkuchen nahmen sie zur Ernte mit auf den Acker. Jedenfalls war ab sieben Uhr morgens im Laden schon die Hölle los. Wer noch früher was brauchte, kam einfach hinten herum direkt in die Backstube.

Pause bei der Ernte, rechts: meine Mutter als Kind
Stammheim, um 1936

GRUNDREZEPT HEFETEIG

Im Laufe meiner Backstubenjahre war Hefeteig „mein tägliches Brot". Jeden Tag backten wir aus Hefeteig nicht nur Blechkuchen, sondern viele verschiedene kleine „Stückchen" oder „Teilchen", wie sie auch genannt werden. Ein kleines Stück vom Glück, frisch und locker, gefüllt mit Marmelade, Rosinen, Nougat, Nüssen oder pur, überzogen mit Aprikosenmarmelade oder Zuckerguss.

Sehr oft habe ich gehört, dass Hefeteig doch so kompliziert zu machen sei. Noch öfter wurde ich gefragt, wie das eigentlich geht mit dem Hefeteig. Deshalb erkläre ich in diesem Buch gerne ganz ausführlich, wie man sehr einfach – in kurzer Zeit und ohne große Mühe – einen köstlichen, lockeren, duftenden Hefekuchen backen kann.

für einen Blechkuchen:

500 g Weizenmehl Type 550
60 g Zucker
60 g flüssige, warme Butter
ca. 400 ml warme Milch
7 g Salz
1 Würfel frische Hefe, 42 g

Hefeteig kann problemlos per Hand gemacht werden, leichter und schneller geht es mit einer Küchenmaschine. Macht man zuerst einen Vorteig, um die Hefe zu vermehren und Aromen optimal zu entwickeln, braucht man schon mal vier bis sechs Stunden länger oder gar über Nacht. Mit Vorteig zu arbeiten, birgt auch die Gefahr, dass die Hefe ermüdet. Viel einfacher ist es, von Anfang an die Hefemenge zu erhöhen.

Alle Zutaten sollten zimmerwarm sein und das verwendete Mehl von bester Qualität. Für einen leichten Bisquit eignet sich Weizenmehl Type 405, für den Hefeteig ist Type 550 die richtige Wahl. Die Weizenkörner sind dann nicht ganz so fein ausgemahlen und geben dem Teig etwas mehr Struktur und Stabilität.

Einige grundsätzliche Dinge in Sachen Hefe zu wissen ist sinnvoll, damit der Teig optimal gelingt. Die Hefe ist ein Kleinlebewesen und kommt überall vor: in der Luft, im Wasser, in der Natur. Wir haben sie aber domestiziert und in kleine Würfel verpackt, die in jedem Supermarkt zu haben sind. Achtung – die Hefe muss frisch sein, daher immer auf das Mindesthaltbarkeitsdatum achten.

Die kleinen Hefezellen brauchen (genau wie wir) Wärme und Nahrung, also warme Milch, Zucker und die im Mehl enthaltene Stärke. Damit fühlen sie sich sehr wohl und bei etwa 30-35 °C vermehren sie sich fleißig. Dabei erzeugen sie nicht nur die gewünschten Aromen, sondern auch in geringem Maße Alkohol und in Verbindung mit der Teigflüssigkeit Kohlensäure. Das sind die Blasen, die man gut sehen kann, wenn der Teig zu lange „gegangen" ist. Die Hefe hat sich schon total verausgabt und keine Kraft mehr für den sogenannten Ofen-Trieb. Der Hefekuchen wird dann nicht luftig-locker, sondern fest und dicht und die ganze Mühe war umsonst!

Zubereitung des Hefeteigs

Zuerst das Salz in die Schüssel geben und das Mehl darüber sieben. Dann kommt der Zucker dazu und der Hefewürfel wird einfach darüber gekrümelt. Hefe und Salz dürfen sich nicht berühren, da das Salz in konzentrierter Form die kleinen Hefezellen zerstört. Für den Teig ist die Salzzugabe aber sehr wichtig, weil sie das Aroma hervorhebt.

Die Zutaten werden jetzt vermischt, in der Küchenmaschine geht es ganz einfach. Die warme Milch langsam dazugeben, so dass sich alles ideal verbindet. Kurz bevor der Teig glatt wird, die flüssige Butter unterkneten. Eventuell etwas Mehl oder Milch zugeben, damit der Teig sich vom Rand löst und eine schöne Kugel entsteht. Mehl ist ein Naturprodukt und nie ganz gleich, es nimmt unterschiedlich Flüssigkeit auf. Deshalb darauf achten, ob der Teig Flüssigkeit oder noch etwas Mehl braucht. Mit der Hand müsste er schon so zehn Minuten kräftig geknetet werden. In der Maschine geht das schneller, ca. drei Minuten auf höchster Stufe sollten genügen. Auf der Arbeitsfläche, die man vorher mit Mehl bestreut hat, wird der Teig per Hand noch einmal gut durchgearbeitet. Er sollte jetzt glatt sein, elastisch, aber nicht kleben.

Die Teigkugel ebenfalls mit etwas Mehl bestreuen und mit einem Tuch abdecken. Alternativ wieder in die Schüssel legen und diese mit einem passenden Deckel verschließen. Jetzt muss der Teig etwa zehn Minuten ruhen, dann kann man ihn weiterverarbeiten.

Hefeteig backen

Nachdem aus dem Grundhefeteig ein Blechkuchen oder zum Beispiel ein Hefezopf entstanden ist, muss der Teig „gehen", das bedeutet, die Hefe tut jetzt ihre Arbeit, lockert den Teig und ab einem bestimmten Punkt kommt der Kuchen in den Ofen.

Methode kalt

Diese Methode eignet sich sehr gut für einen flachen Blechkuchen. Ein älterer Backofen, der etwa 15 Minuten braucht bis die Backtemperatur von 200 °C erreicht ist, ist optimal dafür. Das fertige Blech schiebt man einfach in den kalten Ofen und schaltet auf 200 °C an. Dann hat die Hefe genug Zeit, sich weiter zu vermehren, bis es ihr endgültig zu heiß wird und an den Kragen geht. Der Kuchen im Ofen geht noch solange auf, bis die Hefe ihre Arbeit einstellt. Dann bildet sich durch die Hitze eine Kruste, die den Kuchen stabilisiert. Der Kuchen kann nun zu Ende backen und eine vorherige Gärzeit war nicht notwendig.

Methode mit Gärstufe

Ein komfortabler moderner Backofen verfügt über eine Gärstufe, die ideal ist, um den Kuchen etwa 10 bis 15 Minuten im Ofen bei 40 °C gehen zu lassen. Dabei ist es wichtig, genau zu kontrollieren, wann der richtige Zeitpunkt ist, um die Backtemperatur auf 200 °C zu erhöhen.

Dazu tippt man den Kuchen einfach mal an, und wenn der Teig sich leicht und locker anfühlt, kann die Backtemperatur eingestellt werden. Da der Hefekuchen schon gegangen und backfertig ist, muss die Backtemperatur schnellstens erreicht werden, um die Hefe an weiterer Tätigkeit zu hindern. Dafür gibt es die sogenannte Schnellaufheizung. Ein flacher Blechkuchen braucht etwa 15 bis 18 Minuten Backzeit. Auf keinen Fall zu lang backen! Dann wird der Kuchen zu trocken und er soll ja fluffig, luftig, saftig sein. Um festzustellen, ob der Kuchen fertig ist, ein breites Messer nehmen und den Kuchen im Ofen ein bisschen anheben. Ist die Unterseite des Hefeteigs leicht gebräunt, ist der Kuchen gebacken. Den Kuchen aus dem Ofen holen und zum Abkühlen auf ein Gitter stellen.

STREUSELKUCHEN

Kennt jemand überhaupt noch diesen klassischen, saftigen, buttrigen, köstlichen Hefekuchen mit Streuseln obendrauf? Er gilt heute als altmodisch und ist etwas in Vergessenheit geraten, weil niemand mehr weiß, wie er eigentlich gemacht wird – und vor allem wie er schmeckt. Nämlich so: Der Boden saftig und locker, die Butterstreusel obendrauf knusprig mit kräftigem Butteraroma. Oft habe ich zu dem fantastischen Geschmack überraschte Kommentare gehört.

Das Wichtigste beim Hefekuchen ist: Er muss frisch sein! Das bedeutet, man muss ihn an dem Tag backen, an dem man ihn essen will. Nur so kann er seine Qualität entfalten. Am Abend vorher für den nächsten Nachmittag backen geht gar nicht. Also bitte dafür lieber etwas früher aufstehen, mit einiger Übung backt er sich so nebenher. Und Ausnahmen von dieser Regel gibt es nicht!

Ofen bei Ober-/Unterhitze auf 200 °C vorheizen

Form: Backblech mit Backpapier

Backzeit etwa 15-18 Minuten

500 g Weizenmehl Type 550
60 g Zucker
60 g flüssige, warme Butter
ca. 400 ml warme Milch
7 g Salz
1 Würfel frische Hefe, 42 g

Butterstreusel:
160 g zimmerwarme Butter
160 g Zucker
320 g Weizenmehl Type 550

Sonstige Zutaten:
1 Ei (L oder mindestens M) **zum Bestreichen**
Puderzucker zum Bestreuen

Für den Streuselkuchen den Teig nach dem Grundrezept (siehe Seite 57) zubereiten und den Teig etwa 10 Minuten abgedeckt ruhen lassen. Jetzt die Butterstreusel zubereiten. In einer Schüssel die Butter per Hand mit dem Zucker verkneten. Dann das Mehl dazugeben und verkrümeln bzw. zusammendrücken, damit große und kleine Streusel entstehen. Das ist wirklich einfach und ergibt die schönsten knusprigen Butterstreusel – nicht zu süß, aber süß genug.

Der Teig hat sich inzwischen etwas entspannt und die Hefe hat schon schön an der Lockerung gearbeitet. Deshalb lässt er sich jetzt gut ausrollen und glatt auf das Backblech bringen. Um auch die Ecken des Blechs gut mit Teig auszufüllen, den Teig diagonal ausrollen und immer wieder in die gewünschte Form ziehen. Dann mit einer Gabel überall etwas einstechen, um Blasenbildung beim Backen zu verhindern. Den ausgerollten Teig mit gequirltem Ei bestreichen und die Streusel gleichmäßig aufstreuen.

Je nachdem für welche Backmethode man sich entscheidet, kommt der Streuselkuchen in den Ofen und wird gebacken, bis die Streusel kleine braune Spitzen bekommen. Dann den Kuchen aus dem Ofen holen und zum Abkühlen auf ein Gitter stellen.

Klassischerweise wird der Streuselkuchen mit feinem Puderzucker bestäubt, dazu genügen ein kleines Sieb und ein Löffel. Jetzt dürfte schon die ganze Wohnung nach dem frischen Butterstreuselkuchen duften und man sollte rasch die Küchentür abschließen, damit er zum Kaffee noch da ist.

Im Spätsommer, wenn die Äcker und Gärten ihre Früchte zur Ernte hergaben, war Hochkonjunktur in der Bäckerei. Am Freitagabend saßen die „Hilfskräfte“ (meine Mutter, meine Oma, meine Schwester und ich) zusammen um den Tisch und entkernten eimerweise Pflaumen für die unzähligen Pflaumenkuchen, die von der Landbevölkerung am nächsten Tag vertilgt werden würden. Man schnitt sich nicht nur mit dem Schälmesser dauernd in den Daumen, man bekam auch blaue Finger davon. Die waren auch noch am Samstagabend blau, wenn man in die Disco wollte. Sofern man dort überhaupt ankam, denn man musste ja sehr, sehr früh aufstehen, man hatte am Samstag in der Backstube dicke zu tun und musste sich auch gegen die Wespenschwärme rund um die Pflaumenkuchen zur Wehr setzen. Es galt, Stiche zu vermeiden.

Die Fenster der Backstube standen weit offen und boten den gestreiften Zuckerjägern ungehindert Einlass. Heute kann mich eine einzige Wespe in der Wohnung an den Rand einer Panikattacke führen. Damals bewegte ich mich ungerührt in einer summenden Wolke, die an jedem heißen Sommertag in der Backstube hing. Mein Vater hatte für jeden von uns eine Klatsche gebaut, sie bestand aus einem Stück alter Holzleiste, an deren Ende ein Teigschaber genagelt war. Haute man damit im richtigen Winkel auf eine Wespe im Anflug, war das Knacken bis ans Ende der Backstube zu hören. Das arme Tier fiel entseelt zu Boden. Die Opfer wurden gezählt, wer die meisten erledigt hatte, hatte gewonnen.

Backstube mit Blechkuchen
Stammheim, um 1959

PFLAUMENKUCHEN

Neigt sich der Sommer dem Ende entgegen, beginnt die Pflaumenernte. Meine ganze Umgebung flippt dann aus, weil es Pflaumenkuchen gibt.

Pflaumenkuchen muss man immer an dem Tag backen, an dem man ihn essen möchte. Hier gilt das gleiche strenge Grundgesetz wie beim Streuselkuchen: Nur frisch ist frisch und frisch ist gut. Das gilt natürlich auch für die Pflaumen. Hat man keine Garten- und Pflaumenerfahrung, sollte man sich beim Obstladen seines Vertrauens erkundigen, welche Sorte sich zum Backen eignet. Es gibt tatsächlich Pflaumen, die beim Backen ihres Inhaltes verlustig gehen. Dieser brennt sich dann als zähe, hartnäckige Kruste auf dem Blech und im Backofen ein und man hat dann nur noch die Pflaumenhäutchen auf dem Kuchen. Es ist also sehr wichtig, die richtige Pflaumensorte zu verwenden.

Ofen bei Ober-/Unterhitze auf 210 °C vorheizen

Form: Backblech mit hohem Rand
und Backpapier

Backzeit etwa 20 Minuten

Hefeteig:
500 g Weizenmehl Type 550
7 g Salz
60 g Zucker
60 g flüssige, warme Butter
ca. 400 ml warme Milch
1 Würfel frische Hefe, 42 g
1 Ei (L oder mindestens M)

Butter-Streusel:
80 g zimmerwarme Butter
80 g Zucker
160 g Weizenmehl Type 550

Sonstige Zutaten:
1,5 bis 2 kg Pflaumen, je nach Größe und Sorte
Puderzucker zum Bestreuen

Zum Backen bereitet man die Pflaumen folgendermaßen vor: Waschen und einmal fast ganz der Länge nach durchschneiden. Kern entnehmen und jede der aufgeklappten Seiten noch einmal von oben nach unten teilen. Aber nicht ganz durchschneiden, so dass man eine in vier zusammenhängende Viertel geteilte Pflaume erhält.

Wenn man genügend entkernte Pflaumen beisammen hat, einen Hefeteig nach dem Grundrezept (siehe Seite 57) zubereiten und nachdem der Teig sich etwa 10 Minuten an einem warmen Ort entspannt hat, ausrollen und auf das mit Backpapier belegte Backblech legen. Die Pflaumen dann fast senkrecht dicht auf den Kuchen „stellen". So erhält man ein gutes Verhältnis zwischen Hefeteig und Belag. Jetzt fehlen nur noch die Butterstreusel oben drauf (siehe Seite 61).

Den Kuchen an einem warmen Ort gehen lassen, bis sich der Teig ganz locker und entspannt anfühlt, wenn man ihn mit dem Finger antippt. Dann in die Mitte des auf 210 °C vorgeheizten Ofens schieben und etwa 20 Minuten backen. Wenn die Pflaumen viel Saft von sich geben, verlängert sich die Backzeit. Auskühlen lassen und mit Puderzucker bestäuben.

Auch wir betrieben eine sogenannte Nebenerwerbslandwirtschaft. Mein Großvater besaß einige kleine Ackerflächen, so konnten wir für unseren Bedarf Kartoffeln und Getreide anbauen und Apfel- und Kirschbäume abernten. Das war neben der Bäckerei natürlich viel zusätzliche Arbeit, aber nach heutigem Verständnis nachhaltig und autark.

Zu der Arbeit auf den Äckern wurde auch ich verdonnert. Toll waren die Pausen, heißer Kaffee aus Aluminiummilchkannen, die in raue Kartoffelsäcke gewickelt waren und frischer Hefekuchen vom Blech aus erdstaubigen Händen. Am liebsten aß ich dann frisch-saftigen Butter-Kuchen (später gab es noch eine Luxusversion mit Mandelblättchen als Butter-Mandel-Kuchen).

Und wenn es an das Aufladen von vollen Kartoffelsäcken oder Heuballen ging, durfte ich auf dem Acker auch mal den Traktor fahren, weil die anderen mit den Heugabeln und Säcken zu Gange waren.

Wunderbare Erinnerungen habe ich an herbstliche Kartoffelfeuer, die mein Großvater aus dem verdorrten Grün der Kartoffelpflanzen auf dem Acker entfachte und die letzten aufgelesenen Kartoffeln dann einfach hineinwarf. Eine äußerst köstliche Art Kartoffeln zuzubereiten. Sie hatten außen eine schwarze Kohlenkruste und waren innen herrlich gelb und aromatisch.

Überhaupt war ich ein glückliches Landkind mit viel Freiheit. Die Bäckerei war umgeben von Bauernhöfen mit Katzennestern im Heu und im Winter Küken in der Küche. Es hing allerdings auch mal eine halbe Kuh an der Scheune oder ein hautloser Hase. Daran war man gewöhnt. Wir Kinder sprangen davon und kamen erst abends wieder nach Hause. Das war schon auch ein bisschen Bullerbü. Wir fingen Kaulquappen im Bach und erlebten Abenteuer in Feld, Wald und Wiesen, mit Moos, Mäusen und fiesen Jugendlichen, die immer hinter uns her waren.

Ernte
Stammheim, um 1959

BUTTER-MANDEL-KUCHEN

Was gibt es Besseres als ein ganzes großes Backblech voll mit köstlichem Kuchen, der für alle reicht? Herrlich im Garten, auf dem Balkon, zum Schulfest, für die Kolleginnen und Kollegen als Geburtstagslage oder auf der Kaffeetafel. Der Kuchen ist einfach zu machen und unschlagbar gut.

Ofen bei Ober-/Unterhitze auf 200 °C vorheizen

Form: Backblech mit Backpapier

Backzeit etwa 15-20 Minuten

Hefeteig:
500 g Weizenmehl Type 550
7 g Salz
60 g Zucker
60 g flüssige, warme Butter
ca. 400 ml warme Milch
1 Würfel frische Hefe, 42 g
1 Ei (L oder mindestens M)

Sonstige Zutaten:
100 g gehobelte Mandelblättchen
150 g Butter
150 g Zucker

Bei diesem Kuchen lässt man den ausgerollten Hefeteig (Zubereitung siehe Seite 57) auf dem Blech in warmer Umgebung mit einem Tuch abgedeckt oder im Backofen mit Gärstufe etwas gehen.

Dann kneift man mit dem Daumen und Zeigefinger ein regelmäßiges Muster hinein, bei dem jeweils zwischen dem zusammengedrückten Teig links und rechts eine kleine Vertiefung entsteht. Also viele kleine Kuhlen gleichmäßig verteilt. In diese Vertiefungen kommt die Butter in kleinen Stückchen. Zum Schluss wird der Kuchen mit Zucker (nicht sparen) und mit gehobelten Mandelblättchen bestreut. Sobald der Teig in etwa die doppelte Dicke erreicht hat und sich schön locker anfühlt, kommt er in den Ofen.

Beim Backen karamellisieren die Mandeln in den kleinen Zucker-Butter-Kuhlen und es entsteht ein feiner, knuspriger Belag.

Grundgesetz Hefekuchen: Immer am selben Tag backen, an dem man ihn essen möchte. Den Butter-Kuchen kann man fast warm essen. Über Nacht büßt er seine saftige, frisch-buttrige Geschmacksfülle aber völlig ein. Also lieber gleich alles komplett aufessen. Dürfte kein Problem sein.

Als Landkind hatte ich schon oft Hasen in großen Sätzen durch Feld, Wald und Wiesen springen sehen. Feldhasen sind ziemlich groß, sie haben mit den niedlichen, hoppelnden Kaninchen, die oft mit dem Osterhasen in Verbindung gebracht werden, nicht viel zu tun.

Der Osterhase an sich ist ein ganz besonderer Geselle. Man sah ihn nie, er wirkte im Geheimen und stand am Ostersonntag wahrscheinlich ziemlich früh auf. Er brachte unendlich viele gefärbte Hühnereier sowie eine Fülle vorzüglicher Schokoladeneier und Schokoladenhasen in allen Größen. Und das nicht nur zu uns, sondern auch in die Nachbarschaft und zu Verwandten aller Art. Am Ostersonntagmorgen war ich deshalb genau wie die anderen Kinder mit meinem bunten Osterkörbchen im Dorf unterwegs, um die Gaben des Osterhasen zu suchen und heimzuholen. Es wurde emsig gestöbert, in Scheunen, in Ställen, im Garten oder in den Hausfluren der Bauernhäuser. In die gute Stube durfte man selbstverständlich nicht hinein. Zuerst war auch ein festgelegtes Ritual hinter sich zu bringen. Dem Osterhasen wurde nämlich „gepfiffen". Die Erwachsenen gaben quasi eine Art Laientheater-Vorstellung, an der alle bestimmt großen Spaß hatten. Die Kinder mussten warten, bis der Osterhase da gewesen war und das vorbereitete Nest aus Heu gefüllt hatte. Manche der mehr oder weniger engagierten Darsteller hatten ihn natürlich „gerade um die Ecke laufen sehen" und versuchten nachdrücklich, einem das glaubhaft zu machen. Nachdem die Darbietung und die Anstandswartezeit überstanden waren, durfte man endlich losstürzen und suchen, was der Osterhase hinterlassen hatte. Zwischendurch musste die Beute dann auch mal nach Hause getragen werden, denn natürlich war das Osterkörbchen nicht besonders groß bemessen. Man sollte ja nicht gierig wirken.

Die Schokoladeneier, die mir der Osterhase zuverlässig brachte, habe ich als ausgesprochen köstlich in Erinnerung. Ich konnte sie unendlich lange lutschen und immer noch gaben sie herrlichen Schokoladenschmelz her. Alle Kinder waren außerdem scharf auf diese kleinen bunten Zuckereier mit der Füllung aus Zuckerwasser. Große Geschenke – so wie heute – gab es natürlich nicht. Dafür war Weihnachten zuständig.

Die Osterfeiertage waren das Startsignal für Kniestrümpfe und offene Schuhe. Ganz unabhängig von der vorherrschenden Temperatur. Vor Ostern war es schlicht unmöglich, Kniestrümpfe oder gar Sandalen zu tragen. Das machte man einfach nicht. Der untere Körperteil wurde ziemlich gut gewärmt von kratzigen Wollstrümpfen, die mit Gummibändern und Knöpfen am "Leibchen", eine Art gestricktes Unterhemd, befestigt wurden. Aber selbst, wenn es an Ostern noch richtig kalt war (ich glaube es war immer kalt), stellte das Tragen von Kniestrümpfen eine erstrebenswerte Freiheit dar. Als Kind scheint man über eine besondere Eigenschaft der Kälteunempfindlichkeit zu verfügen. Oder ich kann mich einfach nicht mehr daran erinnern, wie sehr ich gefroren habe.

Im Übrigen trug ich Maßkleidung, denn die Dorfschneiderin stattete einen aus. Ich weiß noch, dass ich immer alleine zu Anproben bei der, nach meinen Maßstäben, unheimlich weit weg wohnenden Schneiderin geschickt wurde. Zu Ostern gab es nämlich von Tante Mina immer ein Stück richtig guten Stoff. Daraus wurde dann ein Sommerkleid, das mindestens zwei Jahre passen musste. Meine ältere Schwester bekam das gleiche Modell, welches irgendwann in meinen Besitz überging und sehr nachhaltig abgetragen wurde. Gegenüber dem ehrlichen Baumwollstoff mit Blümchen, stellte ein neumodisches „Perlonkleid", samt dem buntgesäumten Petticoat darunter, eine sehr große Errungenschaft dar.

Es hatte einen erheblich höheren Stellenwert und ich erinnere mich gut daran, wie es immer knisterte, an den Beinen klebte und man kleine elektrische Schläge bekam.

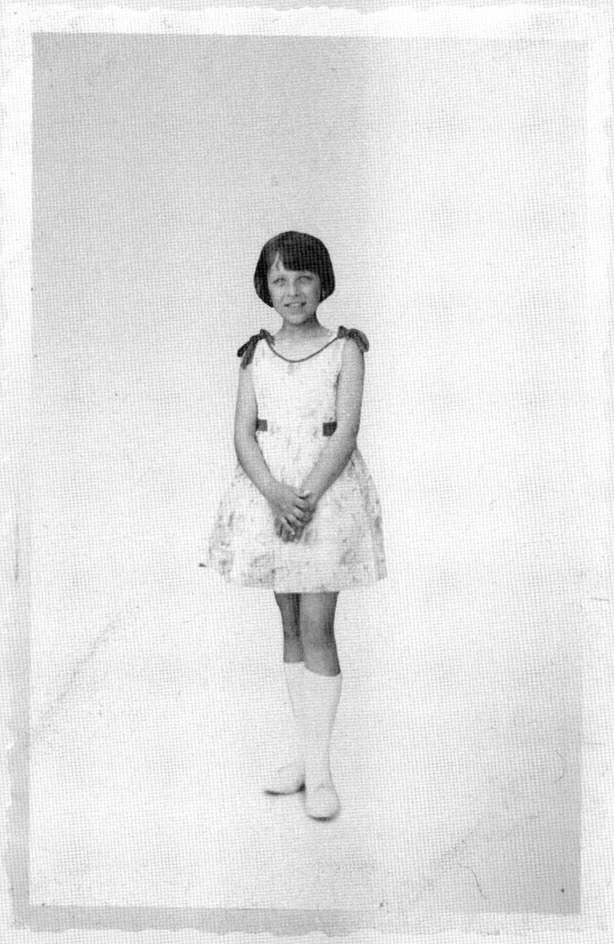

Ich mit meinem Perlonkleid, 1964

Schaufensterdekoration, Osterhase aus Holz, 1959

Mein Aktionsradius im Dorf wurde von meiner Mutter begrenzt. Lange Zeit durfte ich alleine nur bis zu einer bestimmten Straßenecke gehen und sinnierte ausgiebig darüber, was wohl über mich hereinbräche, wenn ich diese Grenze überschreiten würde. Da ich jedoch nicht kontrolliert oder – wie heute üblich – digital überwacht wurde, war ich im Frühjahr schon mal im Wald unterwegs und sammelte Veilchen und Moos. Das begeisterte mich und ich entwickelte meine erste Geschäftsidee.

Aus den Kartons, in denen wir unsere Eier für die Bäckerei geliefert bekamen (ungefähr in der Größe heutiger Umzugskartons), baute ich vor unserem Haus den ersten Verkaufstresen meines Lebens und bot der Landbevölkerung Moos und Veilchen an, frisch gepflückt. Leider war die Ware nicht so gefragt, wie ich es erwartet hatte, deshalb verlegte ich mich kurzerhand auf eine andere Branche.

Im Hof unseres Anwesens baute ich mein Kasperltheater auf. Aus den Holzklötzen, die für die Feuerung des Backofens bestimmt waren, wurden Sitze für das Publikum und ich knöpfte jedem Kind 10 Pfennig Eintrittsgeld ab. Natürlich hatte ich ein Plakat gemalt und auf meine Vorführung – spontane Ideen für das Stück hatte ich genug – hingewiesen. Als meine Mutter dahinterkam, was ich für Geschäfte betrieb, glich sie die Unkosten der Kinder mit Süßigkeiten aus. Unter dem Strich war ich mit dieser Idee aber ziemlich erfolgreich.

Nach Ostern, egal ob das Wetter gut war oder nicht, waren plötzlich die Dorfkinder mit Kreide auf der Straße. Fahrräder wurden rausgeholt, Rollschuhe und Hula-Hoop-Reifen sahen das Tageslicht. Wir spielten Klicker beziehungsweise Schießer, wie es bei uns in Hessen hieß. Man grub an einer Hauswand eine Kuhle in die Erde, das ging praktisch überall, und schnippste mit den Fingern kleine bunte Tonkugeln hinein. Die stellten verschiedene Werte dar, je nach Farbe. Am meisten wert waren Glaskugeln mit eingelassenen plastischen Mustern in leuchtenden Farben. Wer so eine gewann, kam ganz groß raus. Mir gelang das selten und ich war immer neidisch auf die Gewinner der dicksten und schönsten Glasmurmeln. Bis ich entdeckte, dass man die Dinger im örtlichen Kaufmannsladen erwerben konnte.

In der Osterzeit prangte in unserem Bäckerei-Schaufenster neben allerlei Flechtgebäck aus haltbarem Dekoteig immer auch ein Osterhase, den mein Vater aus Holz ausgesägt hatte. Diesen Hasen habe ich geerbt und zur Freude meiner Nachbarschaft stelle ich ihn immer ins Fenster, sobald die Osterfeiertage nahen.

In der Bäckerei waren alle möglichen Kuchen und Torten gefragt, ganz besonders aber unsere saftigen Hefezöpfe mit Rosinen. Ein Osterfrühstück, wie man es heutzutage gerne zelebriert, gab es nicht. Viel wichtiger war der ordentliche Braten zum Mittagessen. Pünktlich um zwölf Uhr – zum internationalen Frühschoppen mit Werner Höfer live im einzigen TV-Programm. Das guckte die ganze Familie jeden Sonntag, damit wurde ich schon frühzeitig politisiert.

Auf unserer österlichen Kaffeetafel war jedenfalls kein Hefegebäck zu finden, es musste Torte sein. Heute backe ich zum Osterfrühstück sehr gerne einen Osterzopf. Er macht nicht viel Mühe und erfreut sich großer Beliebtheit bei allen, die erwartungsvoll rund um den Ostertisch sitzen.

OSTERZOPF

Das Schöne am Osterfest ist, dass sich Familie, Verwandtschaft und Freund:innen zum gemütlichen Osterfrühstück oder zur österlichen Kaffeetafel treffen. Mir macht es immer großen Spaß, den Tisch zu dekorieren und ich liebe die sanften Pastellfarben, die den Frühling einläuten. Kulinarisch gesehen darf auf dem Tisch neben den Ostereiern der Osterzopf nicht fehlen. Er ist aus saftigem Hefeteig und schmeckt frisch gebacken gar köstlich. Der klassische Hefeteig wird dafür etwas verfeinert, indem man Weizenmehl Type 405 statt Type 550 verwendet und neben Eigelb auch Vanillemark und abgeriebene Zitrone hinzufügt. Ich empfehle, den Zopf nicht am Vorabend, sondern lieber morgens zu backen, auch wenn man dafür etwas früher aufstehen muss. Er schmeckt dann am besten und der Duft des Frischgebackenen ist ein herzlicher Empfang für alle, die sich um den Ostertisch versammeln.

Ofen bei Ober- /Unterhitze auf 180 °C vorheizen

Form: Backblech mit Backpapier

Backzeit etwa 30 Minuten

500 g Weizenmehl Type 405
7 g Salz
60 g Zucker
70 g flüssige, warme Butter
ca. 250 ml warme Milch
1 Würfel frische Hefe, 42 g
3 Eigelb (L oder mindestens M)
Mark einer Vanilleschote
abgeriebene Schale einer halben Bio-Zitrone
75 g Mandeln, gehackt
100 g Rosinen

Zum Einstreichen und Bestreuen:
1 Ei (L oder mindestens M)
25 g Mandelblätter
eventuell etwas Hagelzucker

Zuerst die Rosinen für etwa 10 Minuten in warmem Wasser einweichen und dann auf ein Sieb schütten. Dann den Teig nach dem Hefeteiggrundrezept zubereiten (siehe Seite 57). Das Grundrezept wird durch die Zugabe von Vanillemark, abgeriebener Zitronenschale und Eigelb erweitert. Die gehackten Mandeln und die eingeweichten Rosinen kommen im letzten Schritt dazu, wenn der Teig schon fast fertig ist. Noch einmal kräftig durchkneten und dann etwa 15 Minuten abgedeckt ruhen lassen.

Der Teig hat sich nach der Ruhezeit etwas entspannt und die Hefe hat bereits an der Lockerung gearbeitet. Deshalb lässt er sich jetzt gut formen. Er soll relativ fest, aber elastisch sein. Den Hefeteig in drei gleich große Stücke teilen und jedes Stück etwa 50 cm lang als Strang ausrollen, die Enden dünner auslaufen lassen. Dann einen einfachen Zopf flechten und auf ein mit Backpapier ausgelegtes Backblech legen. Die Rosinen, die jetzt durch das Rollen des Teiges außen liegen, wegnehmen (und naschen) oder etwas in den Teig eindrücken. Ohne Teighülle verbrennen sie auf der Oberfläche zu schnell und werden schwarz. Den Zopf mit gequirltem Ei einstreichen und entweder bei Gärstufe in den Backofen schieben oder abdecken und das Blech an einen warmen Ort stellen.

Wahrscheinlich braucht der Zopf etwa 20 Minuten, bis er schön aufgegangen ist. Er muss sich ganz locker anfühlen, wenn man mit der Fingerspitze daran tippt. Wenn er soweit ist, noch einmal mit Ei bestreichen und die Mandelblättchen aufstreuen. Wer möchte, nimmt noch etwas Hagelzucker.

Eine feuerfeste Schale mit etwas Wasser in den vorgeheizten Backofen stellen. Dann kommt das Blech mit dem Osterzopf in die mittlere Schiene des Ofens. Das Wasser verdampft und hält die Oberfläche des Hefeteigs feucht, so dass er sich gut ausdehnen kann, bevor die Kruste fest wird.

Nach 20 Minuten kann man über den Zopf in die oberste Schiene des Backofens ein zweites Backblech einschieben oder den Zopf mit Alufolie abdecken, damit er nicht zu dunkel wird. Dann weitere 5 bis maximal 10 Minuten backen.

Abkühlen lassen und in Scheiben schneiden oder in seiner ganzen Pracht auf den Ostertisch stellen. Er schmeckt solo, aber auch sehr gut mit Butter und Marmelade.

OSTERLAMM

Obwohl ich schon sehr lange strikt vegetarisch esse, gönne ich mir zu Ostern ein Stück vom Osterlamm. Natürlich ist das gebacken und besteht aus köstlichem Haselnussrührteig. Allerdings verspüre ich stets starke Hemmungen, das Lamm anzuschneiden oder gar ein Stück davon abzuschneiden. Meistens fange ich am Hinterteil an, denn der Kopf ist das Schwerste. Er sieht mich an.

Ist diese moralische Hürde erst überwunden, kommt der Genuss auf den Teller. Und der lohnt sich. Ein fetter Klecks geschlagene Sahne zu einer Scheibe Schaf und schon sind alle Skrupel vergessen.

Ofen bei Ober-/Unterhitze auf 190 °C vorheizen

Spritzbeutel mit Sterntülle

Form: 2-teilige Lammform etwa 30 x 20 x 10 cm, für ca. 900 g Teig

Backzeit etwa 45-50 Minuten

160 g Weizenmehl Type 405
160 g Speisestärke
180 g Zucker
160 g zimmerwarme Butter
160 g frisch gemahlene Haselnüsse
15 g Backpulver
4 Eier (L oder mindestens M)
ca. 100 ml Milch
Mark einer Vanilleschote
2 EL Rum
abgeriebene Schale einer halben Bio-Zitrone
1 Prise Salz

Zuckerguss für die Garnitur:
2 Eiweiß (L oder mindestens M)
ca. 500 g Puderzucker
einige Tropfen Wasser oder Zitronensaft
zusätzlich ca. 25 g weiche Butter für die Form

Dieses Rezept ist berechnet für eine geschlossene zweiteilige Form. Deshalb ist es wichtig, dass die Teigmenge stimmt und die Form mit weicher Butter gut ausgefettet wird. Über die Butterschicht dann noch einen Hauch Mehl geben. Das sind die besten Voraussetzungen dafür, dass das schöne Schaf unbeschadet aus der Form kommt. Für eine kleinere Form muss das Rezept entsprechend angepasst werden. Zum Beispiel nimmt man drei statt vier Eier und reduziert dann alle anderen Zutaten um 25 %.

Der Rührteig kann einfach per Hand in der Schüssel gerührt werden oder mit langsamer Geschwindigkeit in der Küchenmaschine. Rührteig sollte (trotz des Namens) so kurz wie möglich gerührt werden, da der Kuchen sonst zu fest wird.

Zuerst werden Zucker und Butter vermischt, dazu kommen das Vanillemark und die abgeriebene Zitronenschale. Die Eier nacheinander zufügen, dann die Milch und die geriebenen Haselnüsse. Erst danach den Rum. Das mit Speisestärke und Backpulver zusammen gesiebte Mehl wird zum Schluss untergerührt. Schnell bildet sich ein goldgelber, aromatisch duftender Rührteig, der in die vorbereitete Form gefüllt werden kann. Das Ganze in die mittlere Schiene des vorgeheizten Ofens geben. Die Form sollte nicht auf einem Gitter stehen. Besser ist ein Backblech als Unterlage, denn eventuell tropft von der großzügig verwendeten Butter etwas heraus. Für ein gleichmäßig gebackenes Osterlamm das Backblech schon vorher im Ofen mit vorheizen.

Wenn die Backzeit um ist, die Form aus dem Ofen holen und nach etwa 5 Minuten den oberen Teil der Form vorsichtig abnehmen. Jetzt muss das Osterlamm etwa 15 Minuten auskühlen. Danach dürfte es stabil genug sein, damit man den unteren Teil der Form umdrehen und es herauslösen kann. Es sollte mindestens zwei Stunden weiter auskühlen, bis man mit Zuckerguss ein „Fell" aufspritzen kann.

Für den Zuckerguss das Eiweiß etwas aufschlagen und den gesiebten Puderzucker einrieseln lassen. Eine feste Konsistenz ist dabei sehr wichtig, damit das „Fell" später nicht vom Lamm herunterläuft. Die Masse darf aber auch nicht zu fest werden, sonst lässt sie sich nicht mehr spritzen. Mit minimaler (Tropfen!) Wasserzugabe oder weiterer Zugabe von Puderzucker rühren, bis die Glasur die richtige Festigkeit erreicht hat.

Mitte der Sechzigerjahre zog dann noch meine Ost-Berliner Oma zu uns. Opa Ali aus Berlin war gestorben, sie war alleine und damals ließ die DDR die Rentner:innen gerne ziehen, da sie die Staatskasse belasteten. In unserem großen, alten und verwinkelten Fachwerkhaus bekam Oma Grete ein Zimmer, das mit Möbeln aus einem unerschöpflichen Fundus von alten Schränken, Frisierkommoden und Betten aus allen Dekaden der Vorfahren nett eingerichtet wurde. Es gab sowieso Zimmer für alle, auch für durchreisende Bäckergesellen, die eine Weile mithalfen oder am nächsten Tag wieder verschwunden waren. Dazu ein riesiger Dachboden voller Gerümpel, Kisten und Truhen, Speisekammern und Abstellkammern, Holzlager, Mehlboden, Scheune, Hof, Schweineställchen und so weiter. Ein großer Abenteuerspielplatz für mich und meine kleinen Kindheitsgefährten und Sandkastenfreunde Elli und Günter.

Oma Grete war in Berlin Näherin bei Hertie gewesen, was zunächst der Garderobe meiner Puppe zugute kam. Die wurde aufs Feinste ausgestattet. Oma erzählte mir auch viel von den „Mannekängs“, für die sie genäht hatte, so dass das Wort *Berlin* aus diesen und vielen anderen guten Gründen schließlich sehr positiv besetzt war.

Und eine Oma Grete ging zur Verwunderung der Landfrauen und zum Entzücken des Dorffriseurs einmal die Woche zum Waschen und Legen. Doll. Bei uns ging man alle paar Monate mal zum Schneiden, wenn es denn gar nicht mehr anders zu machen war oder einmal im Jahr zur Dauerwelle – jedes Mal ein Großereignis. Oma Grete war ein echter Zugewinn im Haushalt und im Betrieb. Sie machte alle Betten, bügelte die unendlich vielen weißen Bäckerschürzen, schälte eimerweise Kartoffeln und erledigte einfache Hilfsarbeiten in der Bäckerei. Samstagsnachmittags, wenn wir endlich Feierabend hatten, kochte sie kannenweise Kaffee für alle, auch für meine Freunde, die mich dann gerne besuchten, weil es immer Restekuchen gab. Ein Blech Hefekuchen mit einer wilden Mischung darauf: Käse und Zwetschgen, Streusel, Kirschen und was sonst noch so aus der samstäglichen Blechkuchenproduktion übrig geblieben war. Jeder kriegte sein Lieblingsstück. Oma Grete sagte dann immer zu mir: „Wär ick in Berlin jebliem, wär ick schon längst jestorben.“

Die Bäckerei im alten Fachwerkhaus
Stammheim, um 1928

DONAUWELLE

Ein lustiger Name für einen köstlichen Kuchen. Heller und dunkler Rührteig fließen in einer schönen Welle ineinander. Das macht sich gut auf dem Teller und schmeckt wunderbar als Kombination aus Schwarz, Weiß und Rot: Schokolade, Buttercreme und Kirschen!

Diesen Kuchen bereitet man einen Tag vorher zu, denn er sollte eine Nacht im Kühlschrank verbringen, damit der Geschmack so richtig zur Geltung kommt.

Ofen bei Ober-/Unterhitze auf 180 °C vorheizen

Form: Backblech mit hohem Rand und Backpapier

---

optional: Schokoladenthermometer

Backzeit etwa 25-30 Minuten

250 g zimmerwarme Butter
250 g Zucker
6 Eier (L oder mindestens M)
325 g Weizenmehl Type 405
8 g Backpulver
2 gehäufte EL Kakao
2 Gläser Schattenmorellen ohne Steine (je 350 g Abtropfgewicht)

Buttercreme:
500 ml Milch
1 Tütchen Puddingpulver und die darauf **angegebene Zuckermenge** für 500 ml Milch
250 g Süßrahmbutter
Mark einer Vanilleschote

Sonstige Zutaten:
250 g Zartbitterkuvertüre

Zuerst die Kirschen in ein Sieb geben und abtropfen lassen. Mit der Hand oder dem elektrischen Rührgerät in einer Schüssel Butter und Zucker verkneten und nach und nach die Eier hinzugeben. Dann das mit dem Backpulver zusammen gesiebte Mehl unterrühren. Die Masse wird relativ fest, trotzdem nicht länger als unbedingt notwendig rühren. Die Hälfte der Masse in eine andere Schüssel geben und durch die Zugabe des Kakaos in einen dunklen Rührteig verwandeln.

Das Backblech mit Backpapier auslegen und mit einem Teigschaber den hellen Teig aufstreichen. Dann den dunklen Teig darüber verteilen. Am besten esslöffelweise auf der hellen Fläche Kleckse setzen und vorsichtig glatt streichen. Die beiden Schichten sollen sich nicht vermischen. Zum Schluss die abgetropften Kirschen gleichmäßig darüberstreuen. Beim Backen sinken sie nach unten und verursachen damit „die Wellen" im Teig. Den Kuchen nach dem Backen abkühlen lassen.

Inzwischen im Kühlschrank Platz machen, da muss der Kuchen zum Schluss samt Füllung und Blech über Nacht hinein. Wenn der Kuchen kühl genug ist, die Buttercreme (siehe Seite 89) zubereiten und in einer dünnen Schicht auftragen. Dann mit dunkler Kuvertüre überziehen.

Dazu die Hälfte der Kuvertüre im Wasserbad auflösen. Sie sollte bei maximal 55 °C langsam zergehen. Sobald sie flüssig ist, aus dem Wasserbad nehmen und die andere Hälfte als gehackte Kuvertüre hinzufügen. Damit wird die Masse zügig auf exakt 29 °C abgekühlt. Danach auf die Verarbeitungstemperatur von 32 °C erwärmen. Dafür braucht man ein Schokoladenthermometer. Die Anschaffung lohnt, denn wenn man nicht richtig temperiert, wird die Kuvertüre grau oder nicht fest. Wenn es schneller gehen soll, kann man für den Überzug auch klassische Kuchenglasur verwenden.

Ab ins Kalte mit dem Kunstwerk. Weiterhin gekühlt halten und nur kühl servieren.

Wir waren also stets eine veritable Gesellschaft rund um den Mittagstisch, auf dem auch immer pünktlich das Essen stand. Alles Bio. Denn wir hatten einen großen Nutzgarten, in dem ich immer zur Gartenarbeit gezwungen wurde.

Graben, hacken, säen, pflanzen, gießen und ernten, was man so ernten kann: Salat, Spinat, Kohlrabi, Rosenkohl, Rotkohl, Weißkohl (Sauerkraut wurde natürlich auch selbst eingelegt und in kindergroßen alten Tontöpfen im Keller gebunkert, gleich neben den 200 Einmachgläsern), Radieschen, Tomaten, Gurken, Karotten, Kirschen, Pfirsiche, Himbeeren, Stachelbeeren, Johannisbeeren, Erdbeeren, Äpfel, Birnen, Zwetschgen, Mirabellen, Reineclauden.

Ich weiß, wie das alles schmeckt, frisch vom Baum und direkt aus der fruchtbaren Erde der Wetterau. All das Obst landete natürlich direkt auf und in den Kuchen der Bäckerei und in Form köstlichster Nachspeisen auf unserem Mittagstisch. Die Hauptspeisen kamen nicht selten in diversen Variationen aus dem Backofen, der war ja immer heiß.

Leider ist diese eindrucksvolle Aromenvielfalt für immer verloren. Nie wieder habe ich eine solche Qualität zwischen die Zähne bekommen (oder sagen wir mal ganz selten).

Rund um Stammheim weideten Kühe auf saftigen Wiesen und fraßen grünes Gras zusammen mit natürlichen Wildkräutern und Blumen. Man kann sich leicht vorstellen, was da dann für eine Milch rauskam. Die wurde im Nachbarort in einer kleinen Molkerei direkt und schnell verarbeitet. Von dort bekamen wir die Milch für die echten Milchbrötchen, Sahne und Butter für die Konditorei. Allein, wenn ich in unserem Kühlraum die große Milchkanne mit dem schweren Deckel öffnete, um Sahne zu holen, umfing mich ein unnachahmlich feiner Duft, so appetitlich und süß, dass ich die Sahne schon fast auf der Zunge schmecken konnte. Und wenn ich in der großen alten Schlagmaschine die Butter für Buttercreme aufschlug, roch das so gut nach Butter, dass einem ganz anders wurde. Ich habe inzwischen alle Butterarten ausprobiert, auch die teuersten Biosorten. Diesen Duft und Geschmack scheint es einfach nicht mehr zu geben.

Von links nach rechts: mein Vater, Hofhund Rolf, die Haushaltshilfe Anneliese, mein Großvater, ich auf dem Arm meiner Mutter, meine Schwester, meine Großmutter, Tante Lydia
Stammheim, um 1959

MANDEL-BUTTERCREMETORTE

Zunächst möchte ich die geläufigen Vorurteile gegenüber Buttercreme gerne ausräumen: Sie ist eben nicht fettig, pampig, übersüß und ohne Geschmack. Das trifft eher auf vorgefertigte Cremetortenvarianten zu, bei denen Covenience-Produkte zum Einsatz kommen. Also nur Mut und dieses Rezept bitte ohne Vorbehalte ausprobieren.

Die klassische Buttercreme, wie ich sie kenne, besteht aus einer idealen Verbindung aus aufgeschlagener Butter und einem frisch gekochten weichen Vanillepudding. Das feine Butteraroma, die cremige Konsistenz, echte Vanille und geröstete Mandeln ergeben zusammen mit dem luftig-lockeren Bisquit eine wirklich köstliche Torte. Wichtig dabei ist, dass die fertige Torte mindestens eine Nacht im Kühlschrank durchzieht, damit sich die verschiedenen Aromen richtig entfalten können.

Ofen bei Ober-/Unterhitze auf 200 °C vorheizen

Form: Backring ø 26 cm, mit Backpapier eingeschlagen auf Backblech

---

Spritzbeutel mit Sterntülle

Backzeit etwa 20-25 Minuten

Bisquit:

200 g	**Zucker**
100 g	**Weizenmehl Type 405**
100 g	**Speisestärke**
7	**Eier** (L oder mindestens M)
	Mark einer Vanilleschote
2 TL	**Zitronensaft**

Buttercreme:

500 ml	**Milch**
1	**Tütchen Puddingpulver** und die darauf **angegebene Zuckermenge** für 500 ml Milch
250 g	**Süßrahmbutter**

Sonstige Zutaten:

200 g	**gehobelte Mandeln**
12-16	**ganze Mandeln für die Garnitur**

Für die klassische Buttercremetorte mit weißer Füllung am Vortag einen hellen Bisquitboden (siehe Seite 37) backen.

Bevor man mit der Buttercreme beginnt, die gehobelten Mandelblättchen rösten. Das geht ganz einfach, entweder im heißen Ofen für einige Minuten auf dem Backblech (Vorsicht, geht schnell!), zwei- bis dreimal wenden oder in einer beschichteten Pfanne auf dem Herd. Funktioniert völlig ohne Fett, da die Mandeln genug Öl enthalten. Dann auf einen Teller oder eine Platte geben und dort abkühlen lassen, sonst bräunen die Mandelblättchen auf dem heißen Blech oder in der Pfanne nach.

Die Butter rechtzeitig aus dem Kühlschrank nehmen, damit sie nicht zu kalt ist, und in kleine Würfel schneiden. Sie muss schnittfest sein, aber sie darf nicht zu weich werden.

Einen festen Pudding kochen, er sollte nicht zu flüssig sein. Diesen gleich im kalten Wasserbad abkühlen, dabei ständig mit einem Holzlöffel rühren, damit sich keine Haut bildet. Der Pudding muss relativ stark abkühlen und zum Schluss in etwa die gleiche Temperatur haben wie die Butter. Auf keinen Fall aber kälter, sonst verbinden sich beide Komponenten nicht.

Man kann die Buttercreme mit dem elektrischen Rührgerät auf geringster Stufe rühren. Diese Creme muss vorsichtig behandelt werden, sonst gerinnt sie.

Zuerst nur die Butter cremig aufschlagen, etwa ein Drittel des Puddings hinzugeben und dann nur noch ganz langsam rühren. Den restlichen Pudding nach und nach zugeben und so wenig wie möglich rühren. Das Ganze rasch zusammenfügen, dann hat man die besten Chancen auf eine optimale Konsistenz. Bei einer Vanillecreme gibt man jetzt noch einige Tropfen Vanilleextrakt oder Vanillemark hinzu und hat damit eine wunderbare weiße, zartsüße Creme als Grundlage für die klassische Buttercremetorte.

Torte füllen:
Den Bisquitboden zweimal waagerecht durchschneiden. Einen Teil der Buttercreme auf dem ersten Bisquit verteilen und dann den anderen auflegen. Wiederholen und auch die Oberfläche und die Seiten der Torte bestreichen.

Die Seiten mit gerösteten gehobelten Mandelblättchen bestreuen. Die Torte mit der restlichen Creme verzieren und mit Mandelblättchen bestreuen. Das sieht nicht nur sehr appetitlich aus, sondern schmeckt auch hervorragend. Außerdem duften die gerösteten Mandeln ganz wunderbar.

Eine Buttercremetorte muss auf jeden Fall über Nacht in den Kühlschrank und schmeckt erst am nächsten Tag so richtig gut. Sie lässt sich also sehr gut vorbereiten und sollte bis kurz vor dem Servieren gekühlt werden. Wenn man es im Sommer schafft, sie direkt aus dem Kühlschrank auf den Tisch zu stellen, ist es ein ganz besonderer Genuss und erinnert ein wenig an Eis.

SCHOKOLADEN-BUTTERCREMETORTE

Eine schöne Variante der Buttercremetorte ist die Schokoladen-Buttercremetorte.

Man fügt zu der klassischen Buttercreme geschmolzene Kuvertüre hinzu und erhält eine wunderbare Schokoladencreme. Zusammen mit dem dunklen Schokobisquit ein wirklicher Schokoladen-Genuss.

Ofen bei Ober-/Unterhitze auf 200 °C vorheizen

Form: Backring ø 26 cm, mit Backpapier eingeschlagen auf Backblech

---

Spritzbeutel mit Sterntülle

Backzeit etwa 20-25 Minuten

Bisquit:

200 g Zucker
60 g Weizenmehl Type 405
60 g Speisestärke
30 g Kakaopulver
7 Eier (L oder mindestens M)
Mark einer halben Vanilleschote
¼ TL Zimt

Buttercreme:

500 ml Milch
1 Tütchen Puddingpulver und die darauf **angegebene Zuckermenge** für 500 ml Milch
250 g Süßrahmbutter
75 g dunkle Kuvertüre, geschmolzen

Sonstige Zutaten:

200 g dunkle Kuvertüre, geraspelt, Schokoladenstückchen für die Garnitur

Variante: etwas Rum oder Orangenlikör

Dafür backt man am Vortag einen dunklen Bisquitboden (siehe Seite 39).

Für die Füllung gibt man in die fertig gerührte Creme noch die im Wasserbad zergangene Kuvertüre. Die Kuvertüre schmilzt schon bei etwa 30 °C. Wenn sie zu warm ist, wird die Buttercreme zu flüssig. Die „kühle" (gerade noch dickflüssige) Schokolade sanft unterrühren. Wenn man etwas mehr Kuvertüre nimmt, wird die Creme dunkler und schokoladiger.

Man kann die fertige Creme vor dem Verarbeiten etwa 10 Minuten in den Kühlschrank stellen, damit sie etwas stabiler wird. Nicht zu lange, sonst wird sie zu fest und sieht beim Aufstreichen nicht mehr schön aus.

Um die Torte zu füllen, den Bisquitboden zweimal waagerecht durchschneiden. Einen Teil der Schokoladen-Buttercreme auf dem ersten Bisquit verteilen und dann den anderen auflegen. Wiederholen und auch die Oberfläche und die Seiten der Torte bestreichen. Die Schokoladen-Buttercremetorte schmeckt noch besser, wenn man den Bisquit vor dem Füllen mit etwas Rum oder Orangenlikör beträufelt. Die Seiten und die Oberfläche großzügig mit geraspelter Kuvertüre bestreuen und mit der restlichen Creme verzieren.

Die Torte über Nacht in den Kühlschrank stellen, denn sie schmeckt am nächsten Tag noch viel besser. Bei Kühlung bleibt sie drei bis vier Tage frisch.

FRANKFURTER KRANZ

Ein ganz spezieller Genuss im Zwischenbereich von Kuchen und Torte. Die frisch gerösteten Mandeln verbreiten einen köstlichen, appetitanregenden Duft und das sogar in der Kälte des Kühlschranks. Die Füllung aus Buttercreme mit Vanille hält den mit Rum aromatisierten Kuchen über mehrere Tage saftig-frisch, aber nur, wenn der Kranz gekühlt wird.
Frankfurter Kranz schmeckt nicht nur in Frankfurt am Main, sondern garantiert auch in Frankfurt (Oder) und an allen Orten, wo er sonst noch gebacken wird. Tatsächlich liegen die Ursprünge des Rezepts wohl in Frankfurt am Main. Das ist ganz in der Nähe von Stammheim, wo ich geboren wurde. Also kein Wunder, dass der Frankfurter Kranz mir besonders am Herzen liegt. Wem auch immer ich ihn zum nachmittäglichen Kaffeekränzchen präsentiert habe, alle waren entzückt von diesem delikaten Klassiker.

Ofen bei Ober- /Unterhitze auf 190 °C vorheizen

Form: glatte runde Kranzform

Spritzbeutel mit Sterntülle

Backzeit: etwa 55 Minuten

150 g Weizenmehl Type 550
100 g Kartoffelstärke
10 g Backpulver
125 g zimmerwarme Butter
250 g Zucker
5 Eier (L oder mindestens M)
2 EL Rum
2 EL Milch

Buttercreme:
750 ml Milch
1 1/2 Tütchen Puddingpulver und die darauf **angegebene Zuckermenge** für 750 ml Milch
375 g Süßrahmbutter

Sonstige Zutaten:
200 g gehobelte Mandeln
12-16 rote Belegkirschen

Die Kranzform mit Butter ausfetten und einen Hauch Mehl darüberstreuen. Für den Teig zuerst die Eier in Eigelb und Eiweiß trennen. Am besten mit einem elektrischen Rührgerät das Eiweiß zu Schnee schlagen. Wenn es anfängt fest zu werden, ein Drittel der Zuckermenge langsam einrieseln lassen. Das sorgt für mehr Stabilität des Eischnees. Den restlichen Zucker mit der Butter zusammen aufschlagen und nach und nach die fünf Eigelbe zugeben. Wenn alles gut verbunden ist, Milch und Rum einrühren. Danach mit einem breiten Holzlöffel vorsichtig den Eischnee und das mit der Kartoffelstärke und dem Backpulver zusammen gesiebte Mehl unterheben.

Wenn die Masse glatt aussieht und keine Mehlklümpchen mehr vorhanden sind, alles in die vorbereitete Form geben und glatt streichen. Einmal mit dem Stiel eines Löffels eine Furche rund um die Mitte ziehen. Dann geht der Kranz an dieser Stelle höher auf und bekommt einen guten „Fuß". Wenn man ihn nach dem Auskühlen gestürzt hat, sitzt er schön gleichmäßig auf dem Kuchenteller.

Sobald der Kuchen ausgekühlt und damit stabil genug ist, wird er mit Buttercreme (siehe Seite 89) gefüllt. Bevor man die Creme zubereitet, werden die gehobelten Mandeln geröstet. Das geht ganz einfach, entweder im heißen Ofen für einige Minuten auf dem Backblech (Vorsicht, geht schnell!), zwei- bis dreimal wenden oder in einer beschichteten Pfanne auf dem Herd. Funktioniert völlig ohne Fett, da die Mandeln genug Öl enthalten. Dann auf einen Teller oder eine Platte geben und dort abkühlen lassen, sonst bräunen die Mandelblättchen auf dem heißen Blech oder in der Pfanne nach.

Den Kranz zweimal horizontal durchschneiden, mit der Buttercreme füllen und auch außen einstreichen. Mit den gerösteten Mandeln bestreuen und Rosetten aufspritzen. Jetzt gehören unbedingt glänzende rote Kirschen als Garnitur darauf. Damit erinnert der schöne Kranz an eine Krone mit Rubinen, eine Reminiszenz an Frankfurt am Main als historische Krönungsstadt. Wir krönen auf jeden Fall die Kaffeetafel damit. Das aber erst, nachdem der fertige Frankfurter Kranz eine ganze Nacht im Kühlschrank verbracht hat – solange muss er durchziehen, damit sich sein feines Aroma voll entfalten kann.

Damals war man Selbstversorger und alle hatten Hühner. Wir auch, aber nur ein paar. Die Eier, die in der Bäckerei gebraucht wurden, wurden von glücklichen Hühnern produziert, die auf einem familiär geführten Hühnerhof am Rande des Dorfes lebten. Sie waren quasi auch mit uns verwandt und namentlich bekannt. Sie durften sich auch draußen relativ frei bewegen. Manchmal waren sie zusammen in einem großen Stall und kamen freudig angerannt, sobald man die Tür öffnete.

Auch die Äpfel, die in der Bäckerei gebraucht wurden – für Apfelkuchen und diverse Füllungen – wuchsen auf unseren eigenen Apfelbäumen. Alte Sorten wie sie einem heute kaum mehr begegnen. Ich erinnere mich an den Namen „Goldparmäne“ und an den Geschmack: aromatisch, saftig, säuerlich-süß. Je besser die Äpfel, desto besser schmeckt der Apfelkuchen.

Das alles zusammen waren die entscheidenden Grundbedingungen für die Qualität der Backwaren, die wir damals produzierten. Es gab kleine Mühlen, die das lokal geerntete Getreide verarbeiteten. Die Bauern brachten ihr eigenes Getreide dort hin, wir bekamen es als Mehl geliefert. Für die Bauernfamilien gab es dann so eine Art kleines Rabattheftchen zum Einkaufen und damit einen günstigeren Brotpreis. Die Bäcker hassten das, denn dieses artenreine Getreide hatte sehr unterschiedliche Qualität und sie mussten beim Backen all ihr Können aufwenden, um damit zurechtzukommen und die gewünschte gleichmäßige Brotqualität zu liefern.

Was speziell mein Großvater zudem noch hasste, war die Sitte, dass die Landfrauen am Samstagnachmittag ihre eigenen Blechkuchen noch roh zu uns in die Backstube brachten, wo sie nach Feierabend vom Bäcker gegen geringes Entgelt im großen Backofen gebacken wurden. Ich fand die völlig unterschiedlich aussehenden Gebilde immer sehr interessant. Meinen Großvater habe ich beim Backen aber nur fluchen hören, er nahm die Sache sehr ernst, er sollte ja schließlich ein gutes Backergebnis erzielen.

Meine Mutter mit unseren Hühnern
Stammheim, um 1941

APFELKUCHEN

Ein saftiger Apfelkuchen, der toll aussieht und noch besser schmeckt. Er eignet sich sehr gut für ein Picknick, denn die Stücke kann man ganz einfach aus der Hand essen. Für ein ganzes Blech Apfelkuchen das Rezept verdoppeln.

Ofen bei Ober-/ Unterhitze auf 195 °C vorheizen

Form: Backring ø 26 cm auf Backblech mit Backpapier oder Springform

Backzeit etwa 25 Minuten

125 g zimmerwarme Butter
125 g Zucker
3 Eier (Größe M)
200 g Weizenmehl Type 405
8 g Backpulver
Mark einer halben Vanilleschote
3 TL Zitronensaft
Zitrone zum Abreiben der Äpfel
3-4 kleine Äpfel, möglichst Boskop

Die Äpfel schälen, entkernen, vierteln. Die Stücke auf der Oberseite der Länge nach drei- bis viermal einschneiden (aber nicht durchschneiden) und mit Zitrone abreiben.

Zunächst Butter und Zucker vermischen und dann nach und nach die Eier dazugeben. Dann alle anderen Zutaten. Die Masse wird ziemlich fest, deshalb nur kurz aufschlagen. Auf dem Backblech verteilen und glatt streichen. Jetzt die geviertelten Äpfel in gleichen Abständen auflegen und den Kuchen für etwa 30 Minuten backen.

Der Bisquit geht schön auf und die Apfelstücke „versinken" im Teig. Sollten die Äpfel, die man verwendet, sehr hart sein, vor dem Backen eine Schüssel mit Wasser in den Backofen stellen oder die Dampffunktion benutzen, wenn vorhanden. Dann werden die Äpfel beim Backen weich.

Wenn der Kuchen abgekühlt ist, mit Puderzucker bestäuben. Dazu braucht man nur ein kleines Sieb und einen Löffel.

Der Duft des frisch gebackenen Brotes, der das ganze Haus durchzog, ist eine sehr wertvolle Erinnerung für mich, die ich immer noch abrufen kann. Die Zutaten, das Können der beiden Meister und der vollkommen natürlich und herkömmlich geführte Sauerteig ergaben reiche Aromen, feine Krume, eine knusprige, glänzende Kruste, lange Haltbarkeit und einen unwiederbringlichen Geschmack. Dieses Brot war auch ohne Butter und Belag purer Genuss. Wenn ich heute eine der üblichen Stadt-„Bäckereien" betrete, vermisse ich am meisten den Duft von frisch Gebackenem, nach Sauerteigbrot, nach Hefekuchen, nach köstlichem Nusszopf und knackigen Brötchen. Meist riecht man gar nichts. Kaum zu verstehen bei einem Raum voller Gebäck.

Und überhaupt der Sauerteig! Das war ein ständiges Thema bei uns: Was macht der Sauerteig? Sich um den Sauerteig zu kümmern war die Aufgabe meines Vaters, und ich erinnere mich sehr gut daran, dass er im Abstand von drei bis vier Stunden quasi 24 Stunden lang den Sauerteig beobachtet und „geführt" hat. Vom Brotteig nimmt man einen Teil ab, bevor er zu Broten geformt und später gebacken wird. Diese kleine Teigmenge vervielfältigt sich und wird wieder zur Grundlage für den nächsten Brotteig am folgenden Tag. Das erreicht man durch systematische Zugabe von Roggenmehl und Wasser über einen längeren Zeitraum. Und das ist eben die Kunst, genau zu sehen, wann wie viel Mehl und Wasser zugegeben werden muss und wann der Teig „reif" ist zur Verarbeitung. Die Temperatur von innen und von außen spielt dabei eine große Rolle. Im Sommer, wenn ein Gewitter drohte und Mensch und Tier in Unruhe und Spannung verharrten, die Bauern mit den Treckern durchs Dorf donnerten, um noch schnell die Ernte einzubringen, rannte mein Vater zum Sauerteig. Denn der reagierte eben auch auf Luftfeuchtigkeit und Wärme. Ein Sauerteig, der derart liebevoll und kenntnisreich betreut wird, hat dann auch genug Zeit, um die Hefen und Aromen zu entwickeln, die ihren Teil zu einem köstlichen, aromatischen, lockeren Brot beitragen. Unvorstellbar aber wahr: Wir fuhren nie in den Urlaub – weder das Dorf noch der Sauerteig konnten alleingelassen werden.

Enorm wichtig für alles, was wir gebacken haben, war natürlich auch der riesige alte Backofen, der ins Haus eingebaut war, die große Backstube heizte und auch heißes Wasser lieferte. Er wurde hauptsächlich mit Holz befeuert und etwa zweimal im Jahr war „Holzaktion" bei uns im Hof. Irgendein Spezialist kam mit einer Art fahrbaren riesigen Säge, um die Berge von Holzstämmen, die irgendwie aus dem Wald zu uns gekommen waren, in handliche Stücke zu zersägen. Den Krach hörte man im ganzen Dorf. Die Bäcker in den weißen Schürzen bildeten eine Kette zwischen Säge, Hof und offenem Lagerboden im ersten Stock und warfen um die Wette Holzklötze nach oben, um den Vorrat einzulagern.

Mein Vater am Ofen
Stammheim, um 1959

NUSSZOPF AUS PLUNDERTEIG

Diesem Kuchen kann kaum jemand widerstehen. Die Zubereitung erfordert etwas mehr Zeit und ein bisschen Übung, aber das Ergebnis ist umso köstlicher. Die Haselnussfüllung macht den Zopf sehr saftig, so dass man ihn gut am Vorabend backen kann (auch wenn er aus Hefeteig besteht, den man eigentlich immer nur frisch genießen soll).

Grundlage ist der Plunderteig, der besonders luftig-locker ist. Die knusprige Kruste wird mit Aprikosenmarmelade und Zuckerguss bestrichen.

Plunderteig besteht aus Hefeteig- und Butterschichten. Beim Backen verdampft die Teigflüssigkeit und wird durch die Butterschichten isoliert. Dadurch hebt sich der Kuchen und es entstehen dünne, blätterige Schichten, allerdings nicht ganz so viele wie beim Blätterteig. Da pure Butter verarbeitet wird, sollte die Arbeitsunterlage kühl sein.

Beim Plunderteig erleichtert man sich das exakte Ausrollen des Teiges mit einem schweren Wellholz, am besten kugelgelagert.

Ofen bei Ober-/Unterhitze auf 210 °C vorheizen, Wasserschale im Ofen

---

Form: Backblech mit Backpapier

---

optional: schweres Wellholz

Backzeit etwa 40-45 Minuten

Hefeteig:
375 g Weizenmehl Type 550
45 g Zucker
45 g flüssige warme Butter
250-300 ml warme Milch
5 g Salz
25 g Hefe

zusätzlich:
100 g Butter
etwas Mehl zum Ausrollen

Füllung:
200 g Haselnüsse, frisch gemahlen
100 g Keksbrösel (Butterkekse fein zerkrümeln)
50 g Zucker
ca. 250 ml Milch
½ TL Zimt
Saft einer Zitrone
ein Schuss Rum

Sonstige Zutaten:
1 Ei (L oder mindestens M)
100 g Aprikosenmarmelade aus passierten Aprikosen
5 g Zucker
50 ml Wasser
100 g Puderzucker
Wasser

Hefeteig (Zubereitung siehe Seite 57) und Butter werden auf eine ganz besondere Art miteinander verarbeitet.

Der Hefeteig sollte nach der Zubereitung etwa 15 Minuten ruhen (im Kühlen), damit er gut ausrollbar ist. Die Butter soll ebenfalls kühl und fest sein und wird mit wenig Mehl kurz durchgeknetet.

Schritt 1
Zunächst wird der Teig zu einem Rechteck ausgerollt und die Butter auf etwas Mehl zu einem halb so großen Quadrat. Die Butter wird auf eine Teighälfte gelegt (Foto 1A) und der restliche Teig darüber geklappt (Foto 1B).

Schritt 2
Das Ganze wird wieder auf die ursprüngliche Größe ausgerollt und übereinandergelegt (Foto 2A und 2B). Dann muss der Teig etwa 20 Minuten gekühlt ruhen. Dafür wird er luftdicht verpackt, damit die Oberfläche nicht austrocknet.

Schritt 3
Beim nächsten Arbeitsschritt wird der Teig wieder ausgerollt und zusammengelegt (Foto 3A bis 3C), auch danach ist eine 20-minütige Teigruhe notwendig. Immer in einer kühlen Umgebung, damit die Butterschichten fest bleiben und die Hefe noch am Treiben gehindert wird.

1A

1B

2A

3A

3B

3C

Inzwischen wird die Haselnussfüllung zubereitet.

Wenn man eine Küchenmaschine besitzt, kann man die Nüsse und die Butterkekse einfach zusammen mahlen, ansonsten werden die Kekse mittels Küchenreibe zerkleinert. Die anderen Zutaten dazugeben und alles vermischen. Eventuell noch etwas Zimt oder Zitronensaft zusätzlich, ganz nach Geschmack. Das Ganze muss gut vermischt und streichfähig sein.

Der fertig vorbereitete und entspannte Teig wird zu einem längeren Rechteck von ca. 65 x 40 cm ausgerollt. Nun wird die Haselnussfüllung auf der ganzen Fläche verteilt. Den Teig von der die Längsseite her aufrollen und dann mit einem scharfen Messer in der Mitte teilen. Die beiden Teile werden auf dem mit Papier ausgelegten Blech zu einem Zopf umeinandergeschlungen. Die Enden oben und unten zusammendrücken. Mit gequirltem Ei bestreichen, mit einem Tuch abdecken und an einem warmen Ort gehen lassen. Es sollte nicht viel wärmer als 30 °C sein, damit die sorgfältig eingezogenen Butterschichten nicht zerfließen. Auch das Blech darf von unten nicht warm werden, sonst ist der schöne Blättereffekt dahin.

Eine hitzefeste Schale mit etwas Wasser in den vorgeheizten Ofen stellen, so dass eine Backatmosphäre mit Wasserdampf entsteht. Das sorgt dafür, dass die Teigoberfläche länger elastisch bleibt und sich die Kruste später bildet. So kann sich der Kuchen ausdehnen, wird größer und lockerer.

Sobald sich der Nusszopf weich und entspannt anfühlt, wenn man ihn mit dem Finger antippt, mit einem scharfen Messer die Oberflächen längs einschneiden. Noch einmal mit gequirltem Ei bestreichen und in die mittlere Schiene des vorgeheizten Ofens schieben. Nach etwa 25 Minuten die Ofenhitze auf 190 °C reduzieren, eventuell Alufolie auflegen, damit der Kuchen oben nicht zu dunkel wird.

Währenddessen die feine Aprikosenmarmelade mit Wasser und Zucker aufkochen und damit den fertigen Kuchen bestreichen – direkt, wenn er aus dem Ofen kommt. Nach dem weiteren Abkühlen einen Zuckerguss auftragen, für den man den Puderzucker mit 3 EL Wasser mischt.

Der Guss trocknet auf dem noch warmen Kuchen schnell und man kann endlich reinbeißen!

Die anderen wichtigen Familienmitglieder mit vier Beinen muss ich auch noch erwähnen: Zuerst den Haus- und Hofhund. Die erste unverfälschte Generation hieß Rolf. Dann kam Camillo. Trotz seines gefährlichen Aussehens war er mehr Schaf als Hund. Hauptsächlich war er Haushund und der beste Freund meines Großvaters, der ihn immer heimlich unter dem Tisch fütterte.

Und dann gab es da noch zwei arme, aber bis zu ihrem jähen Ende sehr glückliche, Schweine in ihrem kleinen Schweineställchen. Sie bekamen das beste Futter: altes Brot, übrig gebliebenen Kuchen und süße Stückchen. Jeden Abend kochte meine Mutter für sie ein Menü aus Pellkartoffeln, Essensresten und feinsten Bio-Gartenerzeugnissen. Ich mochte das fröhliche Gequietsche, wenn meine Mutter mit den Futtereimern in Richtung Ställchen ging. Das Gequietsche klang aber ganz anders, wenn der Metzger mit dem Messer den Hof betrat. Oje, oje!

Als ganz kleines Kind sah ich noch höchst interessiert zu, was passierte, wenn nach dem *Bumm!* des Bolzenschussgerätes das Gequietsche plötzlich in geschäftige Stille überging. Das ganze Schwein kam in eine große Metallwanne und wurde mit kochendem Wasser übergossen. Dann wurde es rasiert! Dieses Geräusch hat sich in mein Gedächtnis eingebrannt. Wenn das Schwein genug in der Wanne herumgerollt und geschabt war, wurde es kopfüber an einen großen Haken gehängt und ratsch von oben nach unten aufgeschnitten. Das Ganze unter freiem Himmel bei freier Sicht wohl gemerkt. Für mich kleines Zuschauerkind interessierte sich im geschäftigen Schlachtetreiben niemand. Ich muss schon zugeben, dass ich damals sehr spannend fand, was in dem Schwein so alles drin war und auch, was der Metzger mit dem Darm machte.

Später war das nicht mehr so. Als ich realisierte, was da wirklich vor sich ging, nahm ich vor den Eimern mit schaumig gerührtem Blut für die Blutwurst Reißaus. Half aber nicht viel. Am Abend wenn alle Wurscht im großen Kessel gekocht war und die Wurschtsuppe übrig blieb, musste ich in den allseits verwendbaren Aluminiummilchkannen die heißbegehrte Wurschtsuppe mit den üppigen Fettaugen drauf im halben Dorf ausliefern. Alle noch so weit entfernten Verwandten und Nachbarn waren schon in freudiger Erwartung. Und wo kleine Kinder in der Familie waren, gab es dazu noch kleine Würstchen, die der Metzger extra fabriziert hatte.

Das ganze Haus roch nach frischem Fleisch. Auf dem Dachboden hatte meine Mutter einen eigenen Räucherschrank, in dem sie Schinken räucherte, nach dem sich alle Bäcker die Finger leckten. Alles wurde eingekocht, eingedost, irgendwie haltbar gemacht, später dann auch eingefroren. Auf jeden Fall wurde alles, aber auch alles, vom Tier verwertet. Am Schlachtetag gab es das Festmahl aus frischem Fleisch, schwarzer Brühe, besonders begehrt bei allen außer mir (ich weiß bis heute nicht, was da eigentlich drin war) und Sauerkraut. Das selbst eingelegte aus den großen Tontöpfen im Keller. Ich aß nur köstlichen Kartoffelbrei. Das waren die Anfänge meines einsamen Weges als Vegetarierin auf dem Land in den Sechzigerjahren.

Ich erinnere mich gut daran, dass die Mehlträger, die uns immer die Mehlsäcke brachten und sie die furchtbar steile hohe Mehlbodentreppe hinauf schleppen mussten, hocherfreut waren, wenn sie am Schlachtetag von den fleischlichen Delikatessen etwas abbekamen. Am oberen Ende der Mehlbodentreppe und gleich neben dem Mehlboden lag das Schlafzimmer meiner Eltern. Bäckergeselle Horst hatte im Jahre 1955 gerade neu in der Bäckerei angefangen und musste eimerweise heißes Wasser die steile Treppe zum Schlafzimmer hochschleppen, als ich dort geboren wurde. Davon hat er mir erzählt. Leider traf ich ihn nicht mehr bei runden Geburtstagen, sondern nur noch bei Beerdigungen. Und die ganz besonders guten traditionellen „Beerdigungsweck" (auf dem Foto rechts unten) werden leider auch nicht mehr gebacken. Sie sind aus der Mode gekommen.

Die Meisterstücke der praktischen Meisterprüfung meines Vaters
Stammheim, 1960

KALTER HUND

Dieses Rezept ist ein Erbe der Fünfzigerjahre. Der kalte Hund mag altmodisch sein, hat aber von seiner Delikatesse für mich nicht das Geringste eingebüßt. In dünne Scheiben geschnitten ist er auf dem Teller eine Zierde und ein Genuss zum Nachmittagstee.

Der Kuchen wird nicht gebacken, deshalb muss das verwendete Ei ganz frisch sein und von einem zuverlässigen Huhn stammen.

Form: Kastenform mit Backpapier

150 g Puderzucker
1 Tüte Vanillezucker
1 frisches Ei (L oder mindestens M)
60 g Kakao
150 g Kokosfett
Rum
Saft einer halben Zitrone
etwa 35 Butterkekse

Zuerst schmilzt man das Kokosfett auf ganz kleiner Flamme, damit es gerade so zerläuft.

Zucker, Vanillezucker und Ei werden mit dem elektrischen Rührgerät schaumig geschlagen. Dann kommt der Kakao dazu. Hat sich alles gut verbunden, lässt man das flüssige, aber abgekühlte Kokosfett beim Weiterrühren langsam hineinlaufen. Zum Schluss kommen Zitronensaft und ein Schuss Rum hinein. Jetzt ist die Füllmasse fertig.

Die Form hat man zuvor mit Butterkeksen so dicht wie möglich ausgelegt. Hier lohnt es sich, genau zu arbeiten und alles sorgfältig zusammenzupuzzlen, damit die Kuchenscheiben später ein schönes Streifenmuster haben. Jetzt wird ein Teil der Kakaomasse darauf verteilt, so dass alles gut bedeckt ist. Dann wieder Kekse auflegen und mit Füllung bedecken, so dass eine schöne Schichtung entsteht. Die letzte Schicht besteht aus Keksen. Den Kuchen mit Backpapier abdecken und für einige Stunden in den Kühlschrank stellen. Ist alles fest geworden, kann man den Kuchen stürzen, das Papier abziehen und ihn in dünne Scheiben schneiden.

Im Jahr 1970, als ich meine Bäckerlehre im Familienbetrieb begann, war ich noch eine Ausnahme. „Frauen in Männerberufen“ hieß der Fragebogen, den mir die hessische Landesregierung zu Beginn meiner Ausbildung schickte. In meiner Berufsschulklasse war ich die Älteste. Das verschaffte mir einen gewissen Vorteil. Ich ließ mir von meinem Großvater Skat beibringen, damit ich in den Pausen mithalten konnte und den Rest Respekt brachten meine Noten. Wenn die Jungs in meiner Klasse frech wurden, einigten wir uns darauf, dass ich für ein paar Minuten wegging, danach waren sie wieder normal.

Mein Berufsschullehrer Herr von Heiden pflegte mir manchmal die Kreide in die Hand zu drücken und zu sagen: „Mach mal.“ Dann ging er zur Schulsekretärin Kaffee trinken. Ich schrieb extra komplizierte Rezeptberechnungen an die Tafel und damit war der Drops gelutscht.

Mein Schulalltag als einziges Mädchen zwischen Bäckern, Gärtnern und Technikern einmal die Woche verlief somit ohne weitere Probleme, nur von den Metzgern im Nachbarklassenzimmer hielt ich mich fern, die hatten schon mal ihren Lehrer aus dem Fenster gehalten.

Was ich damals am allerliebsten zum Frühstück aß, waren Ananastörtchen. Wenn ich heute in meine alte Heimat nach Hessen komme und jemand mich und die Bäckerei noch von früher kennt, kommt nicht selten die Sprache auf unsere legendären Ananastörtchen. Sie wurden jede Woche in einer begrenzten Anzahl hergestellt und waren oft im Vorhinein schon verkauft. Das müssen ganz tiefgreifende Erinnerungen sein, die erwachsene Leute – die zufällig auf einer Café-Terrasse mithören – sehnsüchtig aufschreien lassen „Ach, Ananastörtchen!“

Ich in der Backstube
Stammheim, 1974

ANANASTÖRTCHEN

In den Fünfzigerjahren entdeckte man in Deutschland die exotische Ananas. Damals das absolute Highlight der Häppchen, Schnittchen und kalten Platten, findet man sie heute zu jeder Jahreszeit und in jedem Laden. Und auch, wenn man mit einer Ananas inzwischen keinen Hund mehr hinter dem Ofen hervorlocken kann, diese Törtchen funktionieren nur mit Ananas!

Die Törtchen kann man sehr gut vorbereiten und nimmt sie aus dem Kühlschrank, wenn alle schon erwartungsvoll um den Tisch sitzen.

Ofen bei Ober-/Unterhitze auf 200 °C vorheizen

Form: zwei Backbleche mit Backpapier

notwendig: Tranchiergabel

Backzeit Bisquit etwa 15 Minuten

Bisquit für zwei Backbleche:
- 2 x **142 g Zucker**
- 2 x **70 g Weizenmehl Type 405**
- 2 x **70 g Speisestärke**
- 2 x **5 Eier** (L oder mindestens M)
- 2 x **1 TL Zitronensaft**
- **Mark einer Vanilleschote**

Buttercreme:
- **1 l Milch**
- **2 Tütchen Puddingpulver** und die darauf **angegebene Zuckermenge** für 1 Liter Milch
- **500 g Süßrahmbutter**

Sonstige Zutaten:
- **ca. 400 g Zartbitterkuvertüre oder Kuchenglasur zum Überziehen**
- **1 Tüte Tortengusspulver**
- **2 Dosen kleine Ananasscheiben** (oder frische)
- **Kirschen zum Belegen** (Cocktailkirschen, Schattenmorellen oder frische)

Arbeitsschritte am Vortag:

1. Zwei Bleche Bisquit backen und abkühlen lassen, mit Papier abdecken und frühstens nach zwei Stunden weiterverarbeiten
2. Buttercreme herstellen
3. Törtchen füllen und zwei Stunden kühlen
4. Ananasscheiben und Kirschen abtropfen lassen
5. Zartbitterkuvertüre schmelzen
6. Törtchen überziehen
7. Ananas und Kirschen auflegen
8. mit Tortenguss überziehen
9. Törtchen im Kühlschrank eine Nacht durchziehen lassen
10. Das Rezept ergibt etwa 12 Törtchen, je nach Größe der Ananasscheiben.

Am Vortag backt man nach dem Bisquit-Grundrezept (siehe Seite 37) zwei flache Bisquitplatten auf zwei Backblechen. Die Bisquitmasse muss in zwei Arbeitsgängen zubereitet werden, denn wenn die rohe Bisquitmasse vor dem Backen zu lange steht, fällt sie zusammen.

Das erste Blech legt man mit Backpapier aus, bereitet die Bisquitmasse zu (Menge für ein Backblech) und streicht sie mit einem Kunststoffschaber etwa 3 cm dick sehr gleichmäßig auf. Der Ofen sollte 200 °C heiß sein. Die Backzeit beträgt etwa 15 Minuten. Mit dem „Finger-Test" (siehe Seite 39) prüft man, ob der Bisquit fertig gebacken ist.

Während das erste Blech im Ofen ist, kann man das andere schon vorbereiten, so dass man es in den Ofen schieben kann, wenn das erste aus dem Ofen kommt.

Auf der Arbeitsfläche ein weiteres Backpapier bereitlegen. Das heiße Blech mit dem gebackenen Bisquit auf einem hitzefesten Untergrund abstellen. Jetzt muss man mutig sein. Die Bisquitplatte an den zwei hinteren Papierecken anfassen, vom Blech nehmen und umgedreht auf das frische Papier legen. Nun kann man das Papier, auf dem der Bisquit gebacken wurde, ganz einfach abziehen. Man legt es lose wieder auf, damit der Bisquit nicht austrocknet.

Sind beide Bisquitplatten gebacken, hebt man sie bis zur Weiterverarbeitung am nächsten Tag abgedeckt an einem kühlen Ort auf.

Als ersten Arbeitsschritt sticht man mit einem runden Ausstecher Scheiben aus, und legt die Hälfte davon nebeneinander auf die Arbeitsfläche. Die Größe des Ausstechers richtet sich nach der Größe der Ananasscheiben und muss exakt passen. Mit einem Glas oder Ähnlichem kann man den weichen Bisquit leider nicht exakt ausstechen. Wenn man Spaß am Backen hat, lohnt sich generell die Anschaffung eines Sets runder Ausstecher (meist aus Weißblech).

Was vom Bisquit übrig bleibt, in eine Dose geben oder gleich essen. Man kann die Reste auch trocknen lassen und dann zu Bröseln verarbeiten, die in anderen Rezepten zum Einsatz kommen. Eigentlich bleibt aber nichts übrig, denn wenn man erstmal angefangen hat, isst man den köstlichen Bisquit sowieso auf (man selbst oder alle anderen, die noch so in der Küche vorbeikommen).

Die Törtchen werden mit Buttercreme gefüllt. Nach dem Grundrezept (siehe Seite 89) bereitet man die Vanillebuttercreme zu und spritzt sie mittels Spritzbeutel und Sterntülle in einer Spirale auf die Hälfte der Bisquitscheiben.
Die andere Hälfte der Bisquitscheiben kommt oben drauf und damit sind die Törtchen gefüllt.

Seiten und Oberfläche auch mit Creme bestreichen, dann die Törtchen für etwa zwei Stunden in den Kühlschrank stellen.

Ananas und Kirschen zum Abtropfen je in ein Sieb geben. Die Kuvertüre im Wasserbad vorsichtig schmelzen. Am besten in einem Gefäß, in das man die Törtchen gut tauchen kann.

Die Hälfte der Kuvertüre im Wasserbad auflösen. Sie sollte bei maximal 55 °C langsam zergehen. Sobald sie flüssig ist, aus dem Wasserbad nehmen und die andere Hälfte als gehackte Kuvertüre hinzufügen. Damit wird die Masse zügig auf exakt 29 °C abgekühlt. Danach auf die Verarbeitungstemperatur von 32 °C erwärmen. Dafür braucht man ein Schokoladenthermometer. Die Anschaffung lohnt, denn wenn man nicht richtig temperiert, wird die Kuvertüre grau oder nicht fest. Wenn es schneller gehen soll, kann man für den Überzug auch klassische Kuchenglasur verwenden.

Törtchen mit der zweizinkigen Tranchiergabel aufspießen, seitlich in die flüssige Kuvertüre tauchen und so drehen, dass nur der Rand mit Schokolade überzogen wird. Auf ein Gitter setzen, damit die Schokolade ablaufen kann. Eine Ananasscheibe auflegen und eine Kirsche in die Mitte setzen.

Nach Anweisung auf der Packung den klaren Tortenguss zubereiten und die Früchte damit bestreichen.

Jetzt sind die Törtchen fertig und müssen für eine Nacht im Kühlschrank bleiben. Man sollte sie immer kühl servieren. Frisch gemacht, kann man sie gut fünf Tage lang essen.

In der Bäckerei lief es gut. Jeder hatte seine Aufgaben und Hektik gab es nicht. Es gab viel Arbeit, aber die wurde nach einem ausgeklügelten, ruhig ablaufenden Rhythmus zuverlässig erledigt. Mein Vater, Herbert und Manfred waren für Brot und Brötchen zuständig, mein Großvater und ich für die Konditorei. Mein ganzes erstes Lehrjahr durfte ich nur zugucken, Handreichungen machen, vorbereiten und abwaschen. Dann von einem auf den anderen Tag sagte mein Ausbilder: „Jetzt du." Und siehe da, aus dem Stand brachte ich eine Schwarzwälder Kirschtorte fertig! Da fing es an, richtig Spaß zu machen. Mein Großvater betrachtete mich bald als gleichwertige Arbeitskraft und zusammen hauten wir die Torten nur so raus. Die waren alle schon im Vorhinein verkauft. Denn damals wurde noch jeder Geburtstag mit großer Kaffeetafel gefeiert, die Tortenquote lag nicht ganz so hoch wie bei unseren eigenen Familienfeiern, war aber ganz ordentlich. Freitags in der Abendschicht wurden alle Bisquitböden für die komplette Wochenendproduktion gebacken. Samstags wurden die Buttercremetorten gemacht, die mussten eine Nacht durchziehen, um am Sonntagnachmittag auf den Kaffeetafeln ihre geschmackliche Pracht zu entfalten. Und sonntagsmorgens wurden alle Sahnetorten frisch hergestellt. Nichts durfte schief gehen, nichts durfte kaputt gehen, nichts durfte fallen gelassen werden, alles musste pünktlich fertig sein. Mein Großvater, geprägt durch Kriegserfahrungen und lange Arbeitsjahre, brachte uns allen einen gehörigen Respekt vor dem Material bei, mit dem wir umgingen. Jeder, aber auch jeder von uns ist mal gestolpert und auf die Schnauze gefallen, aber alle hielten die Torte fest! Tortenverlust in all den Jahren gleich null. Dafür jede Menge Prellungen, Brandblasen und blaue Flecken.

Diese antrainierte eiserne Disziplin hat mir auf meinem weiteren Berufsweg nicht geschadet.

Neben den normalen Wochenendtortenbestellungen und den großen, tortenträchtigen Hochzeiten oder sonstigen Gesellschaften gab es da dann noch mein Horrorevent des Jahres: die Konfirmation! Diese wurde damals auf dem Land fast wie eine kleine Hochzeit begangen. Durchschnittlich 25 Konfirmandinnen und Konfirmanden jedes Jahr und alle feierten am gleichen Tag und jeweils bei sich zu Hause. Das hieß 25 Konfirmationsfeste mit Torten ausstatten. Kann sich heute keiner mehr vorstellen. Wir arbeiteten quasi drei Tage durch und kamen schwer an unsere Grenzen. Ich war jedes Mal sehr froh, wenn das vorbei war.

Konfirmationstorte
Stammheim, um 1962

SCHWARZWÄLDER KIRSCHTORTE

Ich freue mich immer sehr, wenn meine englische Verwandtschaft anreist und Schwarzwälder Kirschtorte essen möchte. Zu schön, wie sie das aussprechen. Ich weiß nicht, wie viele Schwarzwälder Kirschtorten ich in meinem Leben schon gemacht habe, aber die Torte in den klassischen Farben Schwarz, Weiß und Rot ist immer die Schönste auf dem Kaffeetisch. Frisch, fruchtig, sahnig mit einem kräftigen Schuss Kirschwasser.

Heller Bisquit dünnerer Boden:

140 g Zucker
70 g Weizenmehl Type 405
70 g Speisestärke
5 Eier (L oder mindestens M)
Mark einer halben Vanilleschote
1 TL Zitronensaft

Dunkler Bisquit dünnerer Boden:

150 g Zucker
45 g Weizenmehl Type 405
45 g Speisestärke
20 g Kakaopulver
5 Eier (L oder mindestens M)
Mark einer halben Vanilleschote
eine Prise Zimt

Füllung:

1 l frische hochwertige Schlagsahne
90 g Puderzucker, gesiebt
4 Tüten Sahnesteif (Menge für 1 l Sahne)
1 Vanillezucker oder Mark einer halben Vanilleschote
1 Glas 740 ml Schattenmorellen ohne Steine, 350 g, abgetropft
Kirschwasser

Sonstige Zutaten:

50-100 g dunkle Kuvertüre, geraspelt

Zuerst backt man am Tag zuvor je einen hellen Vanillebisquit- und einen dunklen Schokoladenbisquitboden (siehe Seite 37). Am besten in einem Karton aufbewahren oder in Papier einschlagen.

Die Kirschen in einem Sieb abtropfen lassen und die schönsten 12 bis 16 für die Verzierung auf Küchenpapier legen, damit der Saft wegtrocknet und später die Sahne nicht färbt.

Die beiden Bisquitböden tränkt man mit Kirschwasser (darüber träufeln oder mit einer Sprühflasche verteilen).

Wenn alles vorbereitet ist, in der Küchenmaschine oder mit dem elektrischen Rührgerät die Sahne schlagen. Sie schlägt sich am besten in einem gekühlten Metallbehälter, auch die Schneebesen kann man im Kühlschrank vorkühlen, damit die Sahne besser gelingt. Sobald sie anfängt etwas dick zu werden, lässt man den mit dem Sahnesteif und Vanillezucker gemischten Puderzucker einrieseln. Wenn die Sahne kleine Berge bildet, ist sie stabil genug für die Tortenfüllung. Vorsicht, wenn man zu lange schlägt, wird die Sahne zu fest und verliert an Volumen!

Die geschlagene Sahne in einen Spritzbeutel mit Sterntülle füllen. Auf den unteren Bisquitboden vier Ringe spritzen, von außen nach innen kleiner werdend. In die Zwischenräume die abgetropften Kirschen legen. Dann von der Mitte aus eine Spirale aufspritzen und damit die Füllung abdecken. Der obere Bisquitboden wird aufgelegt und die Torte auf der Oberfläche und an den Seiten mit einer Palette mit Sahne bestrichen. Hierfür sollte die Sahne eben fest genug sein.

Mit Rosetten garnieren, die vorher ausgesuchten Kirschen draufsetzen und das ganze dick mit gehobelter Kuvertüre bestreuen.

Als Variante habe ich auch schon nur dunklen Bisquit verwendet und die Torte zweimal gefüllt, sie wird dann ziemlich hoch und passt kaum in den Kühlschrank, ist aber der Knaller für die Kaffeegäste. Und zwar am gleichen Tag. Am nächsten ist sie nicht mehr ganz so schön, schmeckt aber fast noch besser! Idealerweise macht man die Sahnetorte morgens an dem Tag, an dem man sie essen möchte. Sie sollte auf jeden Fall vier bis fünf Stunden kühlen, gehört überhaupt in den Kühlschrank und sollte auch nur gekühlt genossen werden.

Sonderaufträge waren mir immer am liebsten, ich experimentierte sehr gerne und tobte mich bei allen Hochzeitstorten aus. Mein Großvater unterstütze mich stets und war schwer an meinen Ergebnissen interessiert – seine eigenen Rezepte hielt er aber größtenteils geheim. Natürlich lernte ich bei der Arbeit mit der Zeit automatisch alle auswendig. Aber in der Weihnachtszeit, die ja sowieso viele Geheimnisse birgt, kamen auch die meisten seiner sehr geheimen Weihnachtsrezepte ans Tageslicht. Allerdings nur in der Form, dass mein Großvater sie in kleinster Schrift auf winzige Zettel schrieb und in seiner Bäckerhosentasche versenkte. Wenn er dann die speziellen Lebkuchen- und Plätzchenteige zubereitet hatte, bekamen wir sie zur Verarbeitung ausgehändigt und die Zettel verschwanden wieder. Einige von den heiligen Zetteln und Aufzeichnungen habe ich von meinem Großvater geerbt. Manches hat er mir auch noch zu Lebzeiten verraten.

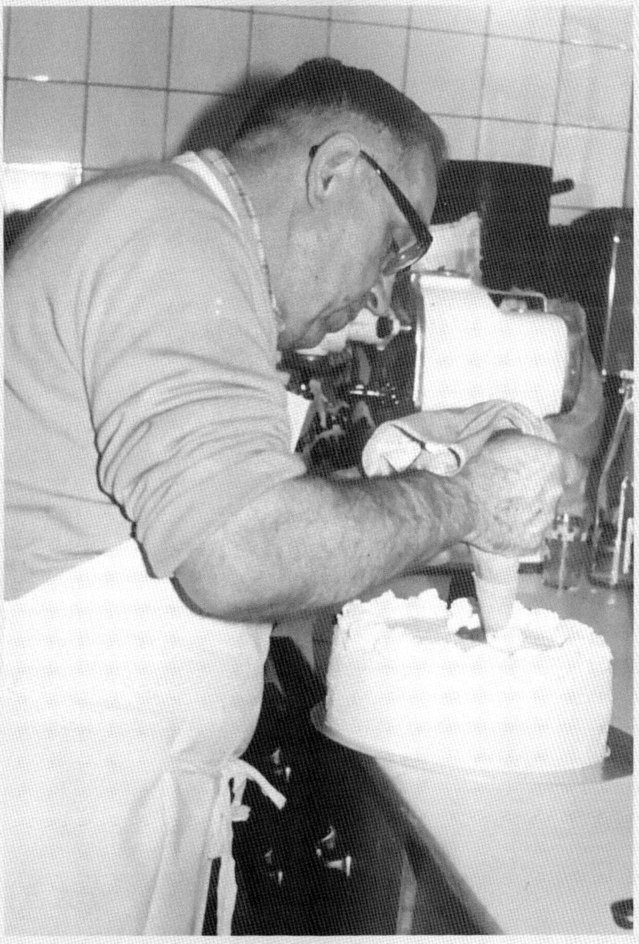

Mein Großvater bei der Arbeit
Stammheim, um 1970

GEWÜRZKUCHEN

Der Gewürzkuchen ist ein Rührkuchen und ich backe ihn immer in einer ganz alten gusseisernen Gugelhupfform. Sie ist schwarz und schwer und der Kuchen gelingt damit sehr gut. Wenn man eine moderne Silikonform oder eine dünne Weißblechform verwendet, kann sich die Backzeit etwas verändern.

Bei der schweren Metallform beträgt die Backzeit bei 200 °C genau eine Stunde.

Wie der Name schon sagt, sind im Gewürzkuchen verschiedene Gewürze enthalten. Das macht ihn zu einem winterlichen Genuss und wenn er nicht ganz aufgegessen wird, hält er sich in einer Dose etwa eine Woche. Dann wird er ein bisschen trocken. Man kann ihn aber noch prima in den Kaffee tunken ... himmlisch!

Ofen bei Ober-/Unterhitze auf 200 °C vorheizen

Form: Gugelhupfform mit Butter eingestrichen

optional: Schokoladenthermometer

Backzeit etwa 60 Minuten

375 g Zucker
200 g zimmerwarme Butter
4 Eier (L oder mindestens M)
50 g Kakao
500 g Weizenmehl Type 405
15 g Backpulver
etwas Milch

Gewürze:
¼ gestr. TL gemahlene Nelken
¼ gestr. TL frisch gemahlene Muskatnuss
1 gestr. TL Zimt
Mark einer Vanilleschote oder Vanilleextrakt
Saft einer halben Zitrone

Sonstige Zutaten:
ca. 200 g Kuvertüre oder Kuchenglasur für den Überzug

Den Teig kann man in der Küchenmaschine machen, wenn man sie langsam, vorsichtig und so wenig wie möglich rühren lässt. Es geht auch einfach per Hand.

Alle Zutaten müssen zimmerwarm sein. Zuerst Zucker und Fett verrühren, dann die Eier nacheinander zugeben. Danach den Kakao und die Gewürze. Zum Schluss das mit dem Backpulver gesiebte Mehl.

Sobald sich alles gut verbunden hat, in die gebutterte Form geben. Glatt streichen und dann einmal an der Oberfläche eine „Furche" um die Mitte ziehen. Dann geht der Kuchen gezielt auf und sitzt später schön gerade auf dem Kuchenteller.

Etwa 15 Minuten abkühlen lassen und dann aus der Form lösen. Duftet herrlich in der Küche!

Nach dem Abkühlen mit Kuvertüre überziehen. Dazu die Hälfte der Kuvertüre im Wasserbad auflösen. Sie sollte bei maximal 55 °C langsam zergehen. Sobald sie flüssig ist, aus dem Wasserbad nehmen und die andere Hälfte als gehackte Kuvertüre hinzufügen. Damit wird die Masse zügig auf exakt 29 °C abgekühlt. Danach auf die Verarbeitungstemperatur von 32 °C erwärmen. Dafür braucht man ein Schokoladenthermometer. Die Anschaffung lohnt, denn wenn man nicht richtig temperiert, wird die Kuvertüre grau oder nicht fest. Wenn es schneller gehen soll, kann man für den Überzug auch klassische Kuchenglasur verwenden.

Der 24. Dezember fiel bei uns generell auf einen Werktag, denn am 24. wurde gearbeitet, auch wenn der Laden nicht geöffnet war. Gerade an Weihnachten lief das Geschäft. Die Leute bestellten Torten für die Feiertage und die wurden natürlich täglich frisch gemacht – auch feiertags. Froster waren für uns damals noch nicht existent.

Unser familiäres Weihnachtsfest beschränkte sich also auf einen Abend und die Nachmittage der beiden folgenden Tage.

Als Kinder wurden meine Schwester und ich am Heiligen Abend in die Kirche geschickt. Alleine, denn die Familie hatte zu tun. Zwar war die Bäckerei um diese Zeit längst geschlossen, aber die Backstube und alles andere musste noch aufgeräumt und geputzt werden. Die Kirche war nur um die Ecke. Eine kleine gewundene Straße führte direkt dorthin, vorbei an einem herrlich gelegenen historischen Gutshof und einigen Bauernhäusern. Das letzte Stück des Weges war ziemlich dunkel und erforderte einigen Mut, aber die Fenster der kleinen Dorfkirche leuchteten uns schon entgegen.

Drinnen war es heimelig. Unsere Plätze fanden wir auf den Holzbänken hinter den Konfirmanden. Links und rechts von uns saßen die Frauen, ordentlich aufgeteilt nach unverheiratet, verheiratet, verwitwet. Alle Männer gingen nach oben auf die Empore, dorthin, wo die alte Orgel in jeder Atempause mit einem keuchenden Blasebalg Luft zugefächelt bekam. Es gab nur wenige Lampen, die trübe funzelten. Aber der prächtige Christbaum neben dem Altar war bestückt mit vielen echten Kerzen und verbreitete ein festliches Licht. Die Kirche war pickepacke voll. Wir lauschten der Weihnachtsgeschichte und allen war recht feierlich zumute. So waren meine Schwester und ich auch gestimmt, wenn wir eilig nach Hause liefen. Und was für eine Überraschung, das Christkind war da gewesen. Es hatte sich mordsmäßig beeilt und hatte nicht nur den kleinen Baum in unsere niedrige Stube gestellt, es hatte ihn auch mit ganz viel echtem Lametta geschmückt. Unsere Lieblingsweihnachtskugeln hatte es herbeigezaubert sowie den Tisch gedeckt und an das Abendessen gedacht. Wie jedes Jahr gab es Kartoffelsalat und Käsewürstchen nach Clemens Wilmenrod, dem Fernsehkoch, dessen größter Fan meine Mutter war.

Klar, Geschenke gab es auch. Zum Beispiel einen kleinen elektrischen Puppenherd, mit dem man richtig kochen und backen konnte, inklusive diverser Brandblasen. Soweit ich mich erinnere, brieten wir in der winzigen Pfanne einzelne Kartoffelchips. Sowas in der Art haben meine Kinder mit dem Ding später auch angestellt. Handwerklich war das Christkind genauso begabt wie mein Vater, denn es lieferte uns auch eine wunderschöne kleine Puppenstube mit zwei voll eingerichteten Zimmern, samt Beleuchtung und Mini-Weihnachtsbaum.

An den Feiertagen spielten wir nachmittags *Mensch ärgere Dich nicht* und mir kam das Weihnachtsfest unendlich lang vor. Aus heutiger Sicht betrachtet, war es für meine fleißige Familie wahrscheinlich nur eine kurze Atempause. Aber eine schöne.

Jedenfalls hat es Weihnachten irgendwie geschafft, mich ein für alle Mal mit dem Weihnachtsvirus zu infizieren. Ich habe eine schwere Infektion, denn für meine Umgebung bin ich gewissermaßen der größte Weihnachtsfreak, der auf Erden herumläuft.

Die Weihnachtszeit in der Backstube war der Höhepunkt des Jahres. Alles roch und duftete und es wurden Plätzchen, Stollen, Lebkuchen und andere ganz besondere Köstlichkeiten produziert. Gewürze tauchten auf, ganze Eimer voll Honig und um alles schwebte das Einmalige und Geheime. Natürlich gab es vor dem ersten Advent nicht ein Plätzchen auf dem täglichen Kaffeetisch am Nachmittag.

So auch bei der Kundschaft. Niemand hätte vor dem ersten Advent Weihnachtsplätzchen gekauft oder Mandel-Spritzgebäck, Haselnussmakronen, Pfeffernüsse, Elisenlebkuchen, Buttergebackenes, Kokosmakronen oder gar Zimtsterne.

Die Ausnahme waren Winterkuchen: Gewürzkuchen, Schokoladenkuchen oder der unnachahmliche Rehrücken. Die waren alle vor dem ersten Advent schon erlaubt.

„Renates Festtagsfreuden", Dr. August Oetker, 1954
„Von Meister zu Meister", Folge 37, Meistermarken-Backinstitut, 1957

REHRÜCKEN

Ein weiterer meiner absoluten Favoriten, den ich nur aus der heimischen Bäckerei kenne und niemals woanders gesehen oder gegessen habe.

Für den Rehrücken verwendet man eine spezielle Form. Denn das Besondere daran ist, dass dieser Kuchen in Anlehnung an die Fleischküche nach dem Backen und Überziehen mit Schokolade mit Mandelstückchen „gespickt“ wird.

Bevor man beginnt, werden zuerst aus den gestiftelten Mandeln (kann man so kaufen) die schönsten geraden und längsten Stifte ausgesucht und bereit gelegt.

Ofen bei Ober-/Unterhitze auf 190 °C vorheizen

Form: Rehrücken-Form, ausgebuttert

Backzeit etwa 50 Minuten

100 g zimmerwarme Butter
5 Eier (L oder mindestens M)
150 g Zucker
100 g geriebene dunkle Kuvertüre
25 g Kakao
75 g gehackte Mandeln
5 g Backpulver
30 g Weizenmehl Type 405
30 g Speisestärke

Sonstige Zutaten:
ca. 200 g Kuvertüre zum Überziehen
100 g gestiftelte Mandeln

Auch hier sind die elektrischen Rührgeräte wieder von Vorteil.

Die Eiweiße zu festem Eischnee schlagen. Sobald das Eiweiß fest zu werden beginnt, ein Drittel der Zuckermenge einrieseln lassen. Die Butter schaumig rühren und nach und nach die restlichen zwei Drittel der Zuckermenge und die Eigelbe dazugeben. Zu der Butter-Ei-Masse die übrigen Zutaten geben, unterrühren und dann den Eischnee vorsichtig unterheben. Sobald sich die Masse verbunden hat, in die Form damit und in den Ofen.

Nach dem Abkühlen den Kuchen aus der Form auf die flache Seite stürzen. Mit Kuvertüre überziehen. Dazu die Hälfte der Kuvertüre im Wasserbad auflösen. Sie sollte bei maximal 55 °C langsam zergehen. Sobald sie flüssig ist, aus dem Wasserbad nehmen und die andere Hälfte als gehackte Kuvertüre hinzufügen. Damit wird die Masse zügig auf exakt 29 °C abgekühlt. Danach auf die Verarbeitungstemperatur von 32 °C erwärmen. Dafür braucht man ein Schokoladenthermometer. Die Anschaffung lohnt, denn wenn man nicht richtig temperiert, wird die Kuvertüre grau oder nicht fest. Wenn es schneller gehen soll, kann man für den Überzug auch klassische Kuchenglasur verwenden.

Solange die Kuvertüre noch nicht richtig fest ist, mit einer heißen Nadel (am besten ein Spieß aus Metall) ein Lochmuster einstechen. Die Mandelstifte hineinstecken. Die Löcher müssen groß genug sein, damit die Schokolade nicht aufbricht. Wenn man diesen Kuchen auf den Tisch stellt, ist einem die Aufmerksamkeit aller Gäste gewiss. Außerdem schmeckt er sensationell. Noch besser zusammen mit frisch geschlagener Sahne.

In den ersten Jahren, solange die Bäckerei in Hessen noch existierte, importierten wir für *Das süße Leben* an Weihnachten Zimtsterne, welche jeden Tag per Postpaket ankamen. Ein stadtbekannter Foodkritiker entdeckte uns und das Zimtgebäck – die Königsdisziplin unter den Weihnachtsplätzchen. Bei seinem Zimtsterntest, der in den damaligen Berliner Seiten der *Frankfurter Allgemeinen Zeitung* und später auch im Berliner Hauptstadtblatt *Der Tagesspiegel* erschien, belegten wir den ersten Platz.

Der ehemalige Berliner Sender *SFB* schickte ein Fernsehteam nach Stammheim, das Dorf stand Kopf, die Bäckerei und die Zimtsterne erschienen im Regionalprogramm in Berlin und ganz Berlin wollte die hessischen Zimtsterne haben. In der Wetterauer Kreiszeitung waren die Testsieger-Zimtsterne aus der Bäckerei Thumm in Stammheim eine Headline. Ich denke, mein Großvater auf seiner Wolke hatte einen Riesenspaß an der Sache.

Wetterauer Zeitung vom 10. Dezember 2001

ZIMTSTERNE

Kein Weihnachten ohne Zimtsterne. Zum Höhepunkt des christlichen Jahres, wenn überall die Sterne leuchten, gehören sie einfach dazu. Verbinden wir doch mit Zimt samt den aromatischen Mandeln vom Mittelmeer ein selig machendes weihnachtliches Geschmackserlebnis. Zimt, der das ganze Jahr aus der orientalisch-indischen Küche nicht wegzudenken ist, erzeugt in unseren Breitengraden zum passenden Zeitpunkt ganz zuverlässig die richtigen Weihnachtsgefühle. Dazu mit dem weißen Zuckerguss die Assoziation von Schnee. Auf dem adventlichen Plätzchenteller verleihe ich den Zimtsternen deshalb für alle Zeiten den ersten Platz!
Achtung: Notwendig ist die Anschaffung eines speziellen Zimtsternausstechers. Er verfügt über einen Klappmechanismus, damit der ausgestochene zuckergussklebrige Stern sicher auf das Backblech befördert werden kann.

Ofen bei Ober-/Unterhitze auf 175 °C vorheizen

Form: Backblech mit Backpapier

Backzeit etwa 13-14 Minuten

2 **Eiweiß** (von Eiern Größe M oder L, je ca. 40 g)
240 g **Puderzucker**
240 g **gemahlene Mandeln** (mit Schale mahlen)
5 g **Zimt**
kleiner Spritzer Zitronensaft oder etwas Schalenabrieb von einer unbehandelten Frucht

Sonstige Zutaten:
100 g **gemahlene Mandeln,** um den Teig darin auszurollen

Das Eiweiß zu steifem Schnee schlagen, dann den Puderzucker unterrühren. Die Hälfte dieser Masse in eine Schüssel geben und in den Kühlschrank stellen.

Die andere Hälfte mit Mandeln, Zimt und Zitrone verrühren. Auf der Arbeitsfläche kurz zu einem festen Teig kneten. Dann den Teig etwa eine Stunde abgedeckt oder eingepackt ruhen lassen.

Von den zusätzlichen Mandeln einen Teil auf die Arbeitsfläche streuen und die Hälfte des Teigs etwa bleistiftdick ausrollen. Jetzt mit einer Palette oder einem Pinsel mit der Hälfte der Zuckereiweißmasse bestreichen und mit dem Zimtsternausstecher schöne Sterne ausstechen. Den Ausstecher nach jedem Stern in Wasser tauchen, aber auf einem Tuch ausklopfen, er darf nicht zu nass sein.

Die Teigreste zusammen mit den ausgestreuten Mandeln und der anderen Teighälfte wieder neu ausrollen, ausstechen und mit dem restlichen Zuckerguss bestreichen. Die Reste, die dann übrigbleiben, einfach mitbacken und gleich naschen.

Die Menge ergibt zwei Bleche. Die ausgestochenen Zimtsterne etwa 20 Minuten trocknen lassen, bevor sie auf der mittleren Schiene in den Ofen kommen. Die Backzeit von etwa 13-14 Minuten reicht aus. Man hat zwar den Eindruck, sie seien noch nicht gebacken, aber sie können raus aus dem Ofen, denn im Inneren soll ein feuchter Kern erhalten bleiben. Außerdem trocknen sie auf dem heißen Blech noch nach. Damit der Zuckerguss schön weiß bleibt, die letzten drei Minuten auf Unterhitze schalten.

Eventuell gelingt das Rezept nicht beim ersten Mal, es gehört etwas Übung dazu, mit dem klebrigen Teig, dem Zuckerguss und der Ausrollschicht aus gemahlenen Mandeln fertig zu werden. Aber auf jeden Fall wird das Ergebnis schmecken, egal wie es aussieht! Also nur Mut und probieren.

Die Zimtsterne schmecken schon sehr gut, sobald sie ausgekühlt sind. Man bewahrt sie am besten in einer geschlossenen Dose in einem ungeheizten Raum auf. Allerdings sind sie nicht für die Ewigkeit gemacht auch hier gilt, wie bei so vielem: frisch ist frisch und frisch schmeckt am besten. Im Laufe der Zeit werden die Zimtsterne etwas trocken. Wenn man sie verschenken will, verpackt man sie am besten in einem luftdichten Beutel (z.B. aus Polypropylen). Zellglasbeutel sind nicht luftdicht, das ist nur bei Fondant als Verpackung sinnvoll. Jedes andere Gebäck trocknet darin aus.

Wenn ich in meiner Familienphase für Kinderladen- und Schulfeste und auch später für all unsere privaten Kaffeekränzchen gebacken habe, erntete ich nur Unverständnis, wenn ich nie eines meiner „geheimen“ Rezepte herausrückte. Ich entschloss mich schließlich, doch alles aufzuschreiben. Vor allem für meine Töchter, die nie eine Chance bekamen, bei uns zu Hause zu backen. Meinem Großvater wäre es wahrscheinlich überhaupt nicht recht, dass ich seine Rezepte veröffentliche, aber im Laufe der Zeit kam ich zu der Erkenntnis, dass sein Rezepteschatz der Nachwelt unbedingt erhalten bleiben muss.

Bis kurz vor seinem Tod mit 88 Jahren arbeitete mein Großvater noch in der Bäckerei mit. Die Bäckerei war sein Leben und die Rezepte sind sein Vermächtnis.

Bis 1978 wurde die *Brot- und Feinbäckerei Thumm* von meinem Vater und dann bis 2011 von meiner Schwester und ihrem Mann geführt, bevor sie sich den umliegenden, gut sortierten Supermärkten mit Backshop geschlagen geben mussten.

Nach über sieben Jahren in der Backstube heiratete ich einen Schwaben und ging mit ihm nach Berlin. Lange Zeit arbeitete ich in verschiedenen Büros, bevor ich mit einem eigenen Schokoladengeschäft (*Das süße Leben* in Berlin-Schöneberg), schließlich wieder ein bisschen zu meinen Wurzeln zurückkehrte.

Die Backstube
Stammheim, um 1962

SCHWÄBISCHER TRÄUBLESKUCHEN

Dieser feine, saftig-fruchtige Johannisbeerkuchen ist der Star jedes sommerlichen Kaffeetisches. Das Rezept stammt ursprünglich aus Baden-Württemberg und ist damit wirklich schwäbisch. Ganz echt ist der Kuchen, wenn man auch eine „Träubleskuchenform" verwendet. Diese hat einen Rand, einen etwas breiteren Durchmesser und ist nach unten konisch zulaufend.

Ofen bei Ober-/Unterhitze auf 200 °C vorheizen

Form: runde Form ø 32 cm mit Rand

Backzeit etwa 60 Minuten

Mürbteig:
300 g Weizenmehl Type 405
200 g zimmerwarme Butter
100 g Zucker
1 Ei (L oder mindestens M)
5 g Backpulver
etwas Vanilleextrakt
einige Tropfen Zitronensaft

Füllung:
5 Eier (M oder mindestens L)
200 g Zucker
1 Päckchen Vanillezucker
125 g frisch gemahlene Haselnüsse
750 g gewaschene, gezupfte rote Johannisbeeren

Man bereitet einen Mürbteig zu (siehe Seite 31) und kleidet damit die eingefettete Form aus. Auf den flachen Boden legt man vorher Backpapier.

Die Eier trennen und die Eiweiße zu Schnee schlagen. Wenn das Eiweiß anfängt fest zu werden, ein Drittel des Zuckers einrieseln lassen. Den restlichen Zucker mit den Eigelben zu einer cremigen Masse aufschlagen. Den Vanillezucker und die gemahlenen Haselnüsse zum Schluss unterrühren und beide Massen sanft unterheben. Als letztes mit den Beeren vermischen und in die ausgekleidete Form geben.

Nach dem Backen den Kuchen abkühlen lassen und unbedingt reichlich mit Puderzucker bestäuben. Die puderzuckrige Oberfläche zusammen mit der leicht säuerlichen Füllung und den aromatischen Haselnüssen ergibt ein echt schwäbisches Gedicht!

Zu der Bäckerei, die mein Großvater 1928 gegründet hatte, gehörte natürlich auch ein Verkaufsraum. Am Anfang war er sehr klein mit einigen Stufen, die hoch zum Seiteneingang unseres alten Fachwerkhauses führten. Später wurde der Laden mehrfach umgebaut, vergrößert und zur Hauptstraße hin an die Front des Hauses verlegt. Auch das Schaufenster wurde immer größer, genauso wie das gesamte Angebot und das Sortiment bis hin zu Schokolade und Pralinen.

Als Kind brauchte ich nur die Treppe zum Laden hinunter zu hüpfen und konnte zugreifen. Ich erinnere mich auch nicht daran, dass mir in Sachen Süßkram irgendwelche Grenzen gesetzt wurden. Was jedoch für mich unerreichbar war und immer meine höchste Bewunderung hervorrief, waren die wunderschönen Pralinenschachteln hinter Glas ganz oben im Regal. Im Laden waren sie unverzichtbar, da sie als Geburtstagsgeschenke für jedermann (und jede Frau) äußerst beliebt waren. Mit bunten Blumen- oder Vogelmotiven verziert, passten sie einfach zu jedem Anlass. Bei uns auf dem Dorf waren sie ganz besonders geschätzte Präsente und keinesfalls so alltäglich wie heute, wo man sie vom Discounter bis zum Edelkaufhaus in allen Formen, Farben und Größen findet.

Während meiner Zeit im Schokoladenbusiness habe ich auch einmal das Schokoladenmuseum in Köln besucht und wurde sehr an meine Kindheit erinnert, als ich dort eine Sammlung von historischen Pralinenschachteln besichtigte. Einige, die ich von früher kannte, waren auch dabei. Das war sehr schön und ein Besuch in diesem Museum ist sehr empfehlenswert. Auch im herrlichen 50er-Jahre-Museum in Büdingen in Hessen gibt es einen altmodischen kleinen Kaufmannsladen, der mit original Warenpackungen aus dieser Zeit bestückt ist. Natürlich auch mit den schönsten Pralinenschachteln.

Pralinen stellten wir in der Bäckerei nicht her. Die beiden Pralinenrezepte in diesem Buch entstammen den Aufzeichnungen meiner Mutter, einer ausgewiesenen Feinschmeckerin und sehr guten Köchin. Bei uns gab es nie ein Essen ohne Nachtisch, solche Pralinen machte sie nur für uns. Aber nur ganz selten und auch nur, wenn sie die Zeit dazu fand.

Das war und blieb etwas ganz Besonderes.

Pralinenpackungen, um 1960

DESSERTPRALINEN

Schokolade ist mein Lieblingsthema. Ich mag am allerliebsten Schokoladentorte und alle Arten von Schokoladenkuchen. Seltsamerweise kriege ich nie genug davon. Diese Dessertpralinen reiche ich gerne zum Nachtisch oder habe sie auch schon als Geschenk mitgebracht. Sie lassen sich problemlos vorbereiten. Wichtig ist, dass sie immer gut gekühlt sind und dass man unbedingt frische Eier verwendet. Die Pralinen halten auch nicht besonders lange. Vor allem dann nicht, nachdem man die erste probiert hat …

Kühlschrank 4-6 °C

Form: flacher Teller oder Platte

ca. 30 Minuten kühlen

375 g Kuvertüre Vollmilch oder Zartbitter, je nach Vorliebe
250 g Kokosfett
120 g Puderzucker
2 frische Eier (L oder mindestens M)
2-3 EL Rum

Zum Verzieren:
gehackte, geröstete Mandeln oder Haselnüsse, Schokoladenraspeln, Schokostreusel o. Ä.

In einem Topf Kuvertüre und das neutrale Kokosfett bei niedriger Temperatur langsam zergehen lassen. Zum Abkühlen vom Herd nehmen. In einer separaten Schüssel die Eier mit dem Zucker cremig schlagen und den Rum hinzufügen. Die verwendeten Eier sollten ganz frisch sein, da sie roh bleiben. Die Ei-Zucker-Masse zur abgekühlten, noch flüssigen Schokolade geben und rühren, bis alles eine butterähnliche Konsistenz annimmt. Dann für mindestens 45 Minuten in den Kühlschrank stellen. Sobald die Schokoladen-Masse fest genug ist, mit kühlen Händen kleine Kugeln formen und in Schokoladenraspeln oder gerösteten, gehackten Mandeln rollen.

Die Dessertpralinen müssen im Kühlschrank aufbewahrt und innerhalb von etwa drei bis vier Tagen vernascht werden. Eine halbe Stunde vor dem Genießen aus der Kühlung nehmen. Bei Zimmertemperatur schmecken sie am besten, da die Schokoladenaromen dann richtig zur Geltung kommen

Ergibt ca. 60 Stück je nach Größe.

KAKAOTRÜFFEL

Da ich fast zwanzig Jahre lang ein Schokoladengeschäft geführt habe, ist für mich ein Leben ohne Schokolade unvorstellbar. Schokolade zum Frühstück kommt öfter vor und auch meine Gäste verwöhne ich regelmäßig mit all ihren Erscheinungsformen. Gerne auch mit diesen Kakaotrüffeln. Ein ganz einfaches Rezept mit einem köstlichen Ergebnis.
Ein delikater Abschluss zum Espresso nach einem guten Essen. Natürlich schmecken die Kakaotrüffel zu jeder Gelegenheit oder Tageszeit und sogar nachts aus dem Kühlschrank.

Kühlschrank 4-6 °C

Form: flacher Teller oder Platte

30 Minuten kühlen

250 g Kuvertüre Vollmilch oder Zartbitter je nach Vorliebe
125 ml Schlagsahne

Die Schlagsahne in einem Topf kurz aufkochen, dann von der Herdplatte nehmen und die Kuvertüre hineingeben. Vorsichtig rühren bis sich die Schokolade aufgelöst hat und eine schöne Schokoladenmasse entstanden ist. Diese abkühlen lassen und für kurze Zeit in den Kühlschank stellen. Bevor sie ganz fest wird, mit zwei kleinen Löffeln kleine Mengen von der Masse wegnehmen, formen und in Kakaopulver rollen. Auf eine Platte geben und im Kühlschrank aufbewahren. Vor dem Genießen rechtzeitig wieder herausnehmen, denn bei Zimmertemperatur können sich die Aromen und der Schmelz der Schokolade am besten entfalten.

Ergibt je nach Größe ca. 30 Stück

REZEPTE A-Z

Fotos Rezepte:
Clara Löffler

Private Fotos:
Uwe Lang
Günter Renz
Friedrich Thumm
Walter Thumm